ルポ　思想としての朝鮮籍

ルポ 思想としての朝鮮籍

高史明 KO Sa-myeong
朴鐘鳴 PARK Jong-myong
鄭 仁 CHUNG In
朴正恵 PARK Jong-hae
李実根 LEE Sil-gun
金石範 KIM Suok-puom

中村一成 NAKAMURA Il-song

岩波書店

まえがき

その人にとって譲れない一線、それを「思想」というのだと思う。「朝鮮籍」を生きるとは、人間にとってそのような「一線」だ。本書は、思想としての朝鮮籍を生きる、六人の人物ルポルタージュである。

「朝鮮籍」、それは、植民地時代、皇国臣民として戦場にまで動員した朝鮮人を、敗戦後、「外国人」として無権利化する際、外国人登録証明書などの国籍欄に記された「地域の総称」である。「玉音放送」から約四カ月後の一九四五年一二月、日本政府は衆議院議員選挙法を改訂した。日本の女性たちが参政権を得る一方、「戸籍法の適用を受けざる者」の参政権を停止するとの附則によって、敗戦時にはおよそ二一〇万人いたと推計される朝鮮人らは政治参加の権利を奪われた。

そこに日本国憲法施行前日の一九四七年五月二日、最後のポツダム勅令として公布された「外国人登録令」が追い打ちをかける。外国人と言いながら占領軍の者たちには適用されないこの登録令の目的は、在日朝鮮人を「外国人とみなす」ことだった。「国民国家」やそのナショナリズムを相対化する契機を孕む二重国籍ではない。解放民族である彼らをいまだ日本国籍を有する者として日本の法令に服させる一方で、外国人として退去強制を含む管理・監視下に置いたのだ。

治安維持法に代わるこの朝鮮人管理の武器は内務省を中心に立案された。当初は占領軍ですら、「個人の権利を制限する立法は国会を経るべき」として勅令には難色を示したという。だが、東西対立に伴う占領政策の転換が、日本政府の意向を後押しした。

しかし、登録令の公布当時、朝鮮に主権国家はなかった（独立運動側が朝鮮人民共和国の建国を宣布したが、南朝鮮を占領した米軍は否認、これを潰した）。「外国人登録」するにも、書く「国」がない、そこで持ち出されたのが帝国時代の民族籍としての「朝鮮」だった。もちろん、植民地支配で皇国臣民にしたのだから元に戻すのは当然だ。でもこれは原状回復とはまったく意味が違う。植民地出身者への法的、道義的な責任を打《う》っ棄《ちゃ》るために、在日朝鮮人から諸権利を奪いとり、公的空間から排除する措置だった。「朝鮮」籍とは、いわば犯罪の上塗りで始まった「戦後」の証拠でもある。

このような経緯で生まれた「朝鮮籍」には誤解がつきまとう。その一つは、これを朝鮮民主主義人民共和国（ＤＰＲＫ）国籍と同一視するというものだ。一部の政治家やメディアはその誤認を拡散し、朝鮮籍者へのフォビアを煽り立てる（これは後述する政府の「朝鮮籍者」弾圧と補完し合う）。だが「朝鮮籍」における「朝鮮」は「地域の総称」であって、特定の国家を指すものではない。とはいえ朝鮮籍者にＤＰＲＫ国籍者が皆無というわけではない。そもそも国籍とは「個人と国籍国との関係」であり、個人が自らの帰属する国として特定の国家を選び、当該国家がそれを認めれば、原則、「国籍」は発生する。実際、朝鮮籍者の中には、さまざまな理由でＤＰＲＫの旅券を持つ者もいる（本書では李《リ》実根《シルグン》がそれに該当する）。それを日本政府は「国交不在」を理由に「存在を確認できない」としている。

だが、国交がないのは、「拉致」を理由に、過去清算が議題化する国交正常化交渉を日本政府が拒んでいるためだ。本来日本政府は、一刻も早い国交正常化を果たし、在日するＤＰＲＫ国籍者に対してしかるべき処遇を保障すると共に、南北・日本いずれの国籍をも拒んで完全な無国籍状態を選ぶ者たちについても、自由往来の権利などを担保する法的地位を南北政府が制定するよう尽力すべきなのだ。朝鮮籍をめぐる複雑さの背景には、歴史的責任を果たさない日本の姿勢がある。ここで踏まえておくべきは、「国籍を有する権利」は、戦争や強制移住による難民、無国籍者の大量発生や、欧州のユダヤ人になされた市民権、国籍剝奪の歴史などを踏まえて確立された国際人権上の権利ということであって、ＤＰＲＫ国籍者を自認する在日朝鮮人がその権利を蔑ろにされたり、権利行使で不利益を被ることがあってはならないということだ。

　朝鮮籍を生きる者はいくつもの困難に晒される。一つは移動である。実在しない「くに」の名が国籍欄に表記されている事態は世界では理解され難い。日本への再入国許可証（これ自体、「元国民」への処遇として不当の極みである）を手にしての海外渡航は、しばしば海外の入管で足止めされる。盧武鉉《ノムヒョン》政権時代はほぼ認められた朝鮮籍者の韓国入国も、李明博《イミョンバク》政権以降は不承認が増え、年によっては申請者の六割以上が入国を拒まれている。逆にいえばそれでも四割前後が承認されているわけだが、そこには数字のマジックがある。そもそも盧武鉉時代には年間二〇〇〇件以上あった申請件数が、保守政権になってから数十件にまで減少している。理由は種々あるだろうが、分母自体が激減しているのだ。

　ＤＰＲＫといまだ休戦状態にある米国のビザ取得も容易ではない。

　そして、日本では差別や不当な処遇を受ける。かつての外国人地方参政権法案でも朝鮮籍者は排除されていたし、二〇一二年に導入された「みなし再入国制度」(一年以内の海外渡航なら再入国許可が不要となる)からも「有効な旅券」の所持を条件にする形で除外された。DPRKの「核」や「ミサイル」が喧伝されるたびに、朝鮮籍者は「制裁」という不当弾圧の的にされる。DPRK国籍者であろうが、無国籍者だろうが、選択や帰属意識で不利益を被ることなどあってはならないのは当然である。DPRKに渡航すれば原則として再入国不許可とされる者の範囲は拡大しているし、再入国の許可期間も短縮された。出国する朝鮮籍者に再入国拒否をちらつかせ、「北朝鮮に行かない」との誓約を迫っていたのも最近のこと。当事者の抗議で止まったが、歴史と向き合い紡がれた国際人権という英知に、真っ向から敵対する行為だ(DPRKとの関係を問題にした「朝鮮学校」への攻撃も同じ構造である。私はこの愚行に、第二次大戦時、米国などが日系人にとった財産没収や収容所への隔離を想起する。それは国籍や帰属意識を徴になされた。歴代大統領が謝罪と補償を繰り返したその暴挙を、二一世紀の今、この国はなぞっている)。

従来は「韓国・朝鮮籍」として公表されていた在留外国人の集計は、二〇一五年末から分離公表された(この可視化自体、新たな抑圧の前段ではとの懸念を呼んでいる)。それによると、二〇一五年末現在の朝鮮籍者は三万三九三九人(在日「外国」人全体の一・五%にあたる)。韓国籍者はその一三・五倍。「在日韓国・朝鮮人」とほぼ一致する「特別永住者」に占める朝鮮籍者の割合は一割弱にまで減少した。

その朝鮮籍に、本書に登場する六人はこだわってきた。理由はさまざまだ。「《朝鮮》という名前が大事」「一方の国家に帰属したくない」「そもそも朝鮮籍だった」「朝鮮人の証明」「非転向の証」「統一祖国を求める」——。各人の個人史を紐解き、その思想に迫り、国民や国家について、そして、人間にとって祖国とは何かを考えることを通して明らかになるのは、国民国家では割り切れない人間の実存である。

これら六人は、いずれも植民地期に帝国日本の「臣民」として生を受け、一九四〇年代後半から五〇年代にかけて青年期を過ごした。それはこの日本が敗戦という「生き直し」の契機を棄て去り、米国の世界戦略に便乗しつつ、戦後補償のネグレクトに始まる「固有の利益」を実現する道を選んだ時期である。政府の暴走ではない。社会全体がその破廉恥に順応したのである。戦争法が制定され、さらなる愚行へと一直線に突き進む現在、あらためて、この時代を《他者》の眼差しを通して振り返りたい。現在の荒廃をその根から問い直すために。

目次

写真＝中山和弘

1 「国民国家」の捨て子 ——高史明

人間という存在はね、大地との縁が切れてしまったら、どんなひどいことでもできてしまうんですよ

高史明……コサミョン

一九三二年、山口県下関市に在日朝鮮人二世として生まれる。高等小学校中退後、独学しつつ様々な職業を経験する。地下活動家時代の経験を描いた小説『夜がときの歩みを暗くするとき』で文筆生活に入り、一人息子の自死を契機に『歎異抄』に出会う。親鸞との対話の蓄積は『高史明親鸞論集』（全三巻）など多数の著書に結実している。『生きることの意味』で日本児童文学者協会賞。

〔写真〕神奈川県大磯町の自宅で。二〇一六年六月二一日

神奈川県大磯のマンションの一室、窓の外には木々が茂り、緑の照り返しがリビングに飛び込んでくる。茶や濃緑、黒を基調に、壁掛けや陶磁器でアクセントを付けた室内は静謐で、目の前の人物が醸し出す空気と相まって、俗世間から隔絶された古刹に居るような気分になる。

作家・仏教者、高史明《コサミョン》。在日二世として極貧の朝鮮人集落に生を受けた。皇国少年を経て筋金入りの「ワル」となり、「街のダニ」と評された少年時代には、「塀の中」で一年近くを過ごした経験を持つ。戦後は革命運動に身を投じたのち、観念の世界で破壊された自らの解放をやがて文学に託した。そんな高が最も影響を受けた作家はドストエフスキーだという。

初めて紐解いたのは一九五五年、日本共産党の地下活動家だった彼が、「朝鮮人は離党させる」との「組織決定」で、あたかも古新聞でも棄てるように党から放逐され、在日本朝鮮人総連合会（朝鮮総連）の支部組織からも「朝鮮語のできない元共産党員」として忌避されたときである。そのおよそ二〇年後、一人息子が自死したときも、手に取ったのはドストエフスキーだった。

「読んでないと、生きてる時間が紡げなかった。そうやって読んだとき、『罪と罰』はなぜあの書き出しなのかがよくわかった。あれは死刑宣告されて刑場に引き出された経験があるから彼に書けたんです。死に直接に向かい合わされて彼は作家になった。私もあのとき、死刑囚のようなものだったから……そこに至らないと彼の神髄は分からないと思いますね」

――その「神髄」とは何でしょうか？

「罪と罰への目線です。私はね、文学とは「殺すな」は大前提として、「赦し」の問題を抜きにしてはあり得ないと思う。作品としての出来不出来は文学の本質的問題じゃない。私にとって文学の条件は「赦し」です。「赦し」がなければ文学はないし、人間存在が存在し続けることはないと思っている。それは阿弥陀の思想にも繋がります」

幾度も読み返した『罪と罰』の主人公ラスコーリニコフの名は、ロシア語の「分離教徒」「分離派」に由来する。高はそれを「割れた人」と解してきた。民族や国家、党、そして善悪の間で引き裂かれ、何度も自意識を叩き割られてきた高の、直観的な読みなのだろう。

「朝鮮語のできない朝鮮人」

「割れた人」、それはまず「朝鮮語のできない朝鮮人」という自己規定に繋がる。朝鮮人でありながら、抑圧者たちの言葉に絡め取られ、思考や情感のすべてが日本語を経る苦悩は、最初の評論集『彼方に光を求めて』や、その後のエッセイに幾度も刻まれている。

「「おまえは、朝鮮人じゃない。おまえが朝鮮人なのは名前だけだ」と。私には、この言葉に返す言葉はまったくない」。さらには、「嘘つき」「存在自体が偽物」「それ自体が背理」「裏切り者」とまで書きつらね、自らに刃を立てる。

デビュー作、『夜がときの歩みを暗くするとき』にもその痛苦は記されている。主要人物の一人である——主人公ではない——、「割れた」高の一部である朝鮮人、金一竜《キムイルリョン》がその捻れを爆発させる場面である。金は行きつけの居酒屋で隣に座った客数人が、朝鮮人への侮蔑を酒のネタにするのを耳にする。

思わず抗議しようとしたとき、金を押し潰す、あるいは呑み込む暗い穴は「半日本人《パンチョッパリ》」としての実存である。「自分は果たして朝鮮人といえるのか」「日本語しかない自分とは何なのか」……金は突如こみ上げてきた激しい頭痛に見舞われるが、彼にはその「痛み」すら朝鮮語で表現できない。「痛い」「いたい」「イタイ、イタイ……」。彼のすべてを司るのは目前の差別者と同じ日本語である。金は怒号を発して客に殴りかかるも、最後はビール瓶で頭を叩き割られ、血塗れで路上に横たわる。

小説全体の構成を考えれば、やや強引な感を受ける挿入である。それでも高はこのシーンを書かざるを得なかった。物語の主人公で、強烈な自殺願望を持つ日本人、境道夫が口にする「おれはもう、このおれという奴を生きてゆくことができない」は、主人公に託した高の叫びに思える。

「民族的正統性には私も憧れましたよ」と高は言う。だからこそ、一九七〇年に作家デビューした頃、高を歓待してくれた先輩作家たちの「優しさ」をエッセイに認《したた》めているのだろう。「朝鮮語ができないから」と尻込みする高を、金石範《キムソクポム》『万徳幽霊奇譚』の出版記念会に連れ出した李恢成《イフェソン》が、高の「通訳」をさりげなく務めてくれた配慮への尽きぬ感謝や、高と初対面した呉林俊《オリムジュン》が、いきなり朝鮮語で話しかけた「非礼」を後に詫び、「今からでもいいじゃないか。完全にできなくてもいい。朝鮮語を学びたまえ」と温かく励ましてくれた経験、これらは高にとって、その後を生きる動機となったに違いないのだ。

一方で民族や朝鮮との出会いを求める心が、衝突の結果を招いたこともある。雑誌の対談で、憧憬する詩人の金時鐘《キムシジョン》と「怒鳴りあいの大喧嘩」をしたのである。端緒は、デビュー作の主人公を朝鮮人にしなかったのはなぜかとの金の質問だった。「神国日本」の勝利を信じ、敗戦に打ちのめされ、朝

鮮語の「아《ア》、야《ヤ》、어《オ》、여《ヨ》……」も満足に書けない自らを恥じ、血の滲む努力で民族語を身に付けた元皇国少年、金時鐘にとっては、ごく自然に湧き上がる問いだったのだろう。自らの分身をなぜ、日本人としたのか。その問いに、高は逆上した。

それは、金時鐘の「民族的な正統性」から発せられた問いだった。

極貧の中で育ち、幾度も民族との出会いに挫折してきた高にとって「正統性」は、「暴力」として作用したのだ。自らの柔らかい部分を素手でつかまれた高は、怒鳴る他なかったのだと思う。「書かなかった」のではない、高は「書けなかった」のだろう。だからこそ高は我を忘れて逆上した。おそらくその怒号は咆哮と言っていいものだったに違いない。「金時鐘さんは正統派ですが、私は違うし嚙み合わない。だから友だちもできない(笑)。あのときは、私に自分のありようをもう少し見つめ直した方がいいと考えて、あえて言ってくれたんだと思いますけど、その意味での民族的正統性は私にはないんです。彼の繊細な心を傷つけたと思うし、同席していた日本人作家の方々にも申し訳ないことをしたと思います」。ラスコーリニコフとはまた、「異端」をも意味する。

約四〇年後を生きる私にも、その痛みは想像できる。頭をよぎるのは幾つかの「民族体験」である。左翼系韓国紙の日本特派員に、「なぜあなたは韓国語が分からないのか」とあきれられたときの情けなさ。ある民族教育従事者に「君は朴一成と名乗るべき」と断言されたときの怒り。私を「日本籍のハーフ」と知った在日朝鮮人商工人に、もらった民族名の名刺を取り返され、「あんたにはこれで十分」と通名の名刺に差し替えられたときの悔しさ。「あるべき姿」で斬り付けられたとき、私は沈黙し、あるいは怒号を発するしかなかった。

すれ違う親子の言葉

そもそもの問題として、高には家庭での朝鮮語教育がなかった。物心ついたのは山口県下関市のバラックだ。「ドブ川沿いの棟割長屋です。出入り口だけで窓がなくて、天井から吊るした裸電球が一つ。屋根の下に針金を張って古雑誌とかを貼って天井にしてて、寝転がってその記事を読んで文字を覚えました。思い出すのは米櫃に米を入れる音です。ミカン箱に紙を貼ったやつでね、父は稼ぎがあるとまず米を買う。一杯になることはなかったけど、あのザーッという音はうれしかった。逆に空のときの寒々とした気持ちったらなかった」

一〇世帯ほぼすべてが朝鮮人だが、同胞にも蔑まれていた極貧集落だった。人びとは男女問わず石炭仲士として働き、ドブロクをつくり、糊口を凌いだ。

「『学校なんか行く奴はロクなもんじゃない、男は刑務所に行って一人前』なんて言われてました」と高は言う。植民地主義を可能にするのは特定の存在を人間以下に貶めるレイシズムである。日本人より「低い」存在とされていた朝鮮人が学校を出たとて社会的上昇の展望はない。ならばなるべく早く、仕事をして家の負担を減らす。ある意味当然の発想である。貧困が低学歴を再生産する構図だ。父親も含め、読み書きのできる者はほとんどいなかったという。

母は高が三歳のときに死去、物心ついたとき、家族は父と兄だけだった。目が醒めれば家には自分一人、卓袱台を前に食事をした。母の不在は家庭内教育の不在、すなわち朝鮮語の不在に直結していた。石炭仲士の父は祖父(彼の父)に厳命されて日本語を学んだが、それを使うことを拒み抜き、朝鮮語だけに生きる人物だった。しかし重労働を終えて帰宅し、子どもに食事をつくれば教育どころか、話をする気力も残ってはいない。家を出ればそこは日本語の世界である。兄弟にとっての成長は親子の言葉がすれ違っていく過程でもあった。

一方で子どもは自らの根拠を問い始める。「いつ日本に来たの？」「どうして日本に来たの？」。無邪気な質問は父に、故郷と切り離された屈辱や、産後の肥立ちの悪かった妻をむざむざと死なせた悔恨を思い起こさせただろう。元々無口な父はさらに寡黙になった。

故郷を失い、日本で最底辺の生活をする父の絶望、妻を喪い、遺された息子との繫がりさえ持てなくなっていく哀しみは、やがて臨界に達する。ある夜、顔に触れる何かに目を醒ました高が見たのは、涙しながら何かをつぶやき、自分の顔を撫でる父の姿だった。やがて父は天井から下がった電線をほどき、自らの首に幾重にも巻き始めた。激しく動く裸電球が父を照らし上げ、天井に映った巨大な影は不気味に伸縮する。事態を悟った高が叫ぶと、飛び起きた兄が父の片手に飛びつき、高がもう一方の手にしがみつく。蠢く三人の影が天井を黒く染め、子の日本語と父の朝鮮語が交錯する。「死なないで！」「やめて！」。二人がかりでも所詮は子ども。屈強な労働者は止められない。兄弟は口々に叫ぶ。「誰か助けて！」……。懇願も日本語だった。

「アボジはもう生きていることができないんだ」。朝鮮語でそう言うと父は、二人を両手に抱いたまま躰を投げ出した。一瞬の静寂の後、高が固くつぶった目を開けると、床に転がった電球は、尻もちをついた父の顔を照らしていた。生きている。電線を留めた釘は大人の重みに弾け飛び、自殺は失敗した。ボロ屋は死ぬ手助けにもならなかった。

一六歳での学び直し

高の民族語への希求はそのつど頓挫した。決定的とも言えるのは、一六歳で入った朝鮮人学校での経験である。一九四八年の晩秋、後述する傷害事件で少年刑務所から出たばかりの高に、父が朝鮮語でポツリと言った。「お前もここで一から勉強し直さないか?」

「ムショ帰りに行ける学校なんてあるのか?」と訊く高に、父は誇らしげに言った。「朝鮮人の学校があるんだ」。帰国に備え、植民地支配、皇民化政策で奪われた言葉や文化を取り戻すため、朝鮮人たちが全国各地に設立した朝鮮人学校である。東西対立の先鋭化に伴い、米軍の占領政策、さらには東アジア戦略を阻害する「共産主義者の巣」と見做され、この年の春には占領軍と都道府県による武装警官を動員しての強制閉鎖措置が採られたが、民族性回復への思いを絶やすことはできない。当時も学校は運営されていた。「朝鮮人だけの学校だ。ムショ帰りでも大丈夫だとも」

半信半疑、「何を今さら」と思いつつ、高の胸中にはほのかな光が灯った。じつは解放直後、父も家族で帰郷しようと荷物をまとめたことがあった。国を奪われ、ナショナル・アイデンティティを持てなかった自分たちもついに、朝鮮人が朝鮮人として生きられる「祖国」に「帰る」のだ。子どもたちは期待に胸を膨らませたが、東西対立の前線と化していく朝鮮半島の政情悪化はそれを許さなかった。生活基盤のなくなった故郷での暮らしは難しいと判断した父は荷物をほどき、日本での極貧生活を選んだ。それは子の展望を奪い、父子の溝が生じていた。日本でも朝鮮人が朝鮮性を高め、朝鮮人として生きられる場所がある。それは一つの光明だった。

兄が、おそらく闇市で、衣類一式を調達してきた。真新しい学生服での登校である。「よく覚えてるのは初登校のとき、朝礼で先生が「タバコを吸ってる者はいるか?」と訊くんです。悪いとの意識がなかったんですね、「はいっ」って手あげたらビンタされましてね。習慣で殴り返そうとしたら騒ぎになりました(笑)」。高らしい「入学式」である。

一六歳での学び直しが始まった。高はそこで民族性を奪い返していくはずだった。だがそれは暗転していく。世代を跨いで続いた皇国臣民化の影響で、解放当初の朝鮮人学校は年齢も言語能力もバラバラな者たちが集う場だったというが、高が通い始めたのは設立から時を経ていた。そこはもはやカオスな場ではなかったのだ。一方で当時はまだ、学力格差に配慮するだけの余裕も実践的蓄積もなかったのだろう。「みんな言葉もそれなりにできるし、勉強の意欲も強い。でも私は朝鮮語がさっぱり分からないわけです」

民族的な自尊感情を育む場で、日々「お前は出来損ないの半日本人だ」と宣告されるようなものだった。「授業の内容も教科書も分からない。本当に辛い時間でした」。喜ぶ父と兄を目にすれば何も言えない。身の置き所がなく、友だちもできない。「朝鮮人なのに朝鮮語が私の巨大な壁になるわけです。刑務所よりも辛かった」。年長者としての気位がいっそう高を無口にした。さらに高を苛んだのは、学友の眼差しだった。前歴がばれていた。「私は陰で「ムショ帰り」って呼ばれていたと思う」

言葉をもたない人間への共感

朝鮮人学校でのテスト時。問題も読めない高がうつむいていると、教師が来た。高の学業態度を忌々しく思っていた彼は、机に教科書が入っていたのを見付け、「不正」の嫌疑をかけた。言いがかりである。「疑い」以上に反発したのは、高の朝鮮語のレベルを知りながら、あえて責めてくる教師の性根だった。陰湿な追及に弾けた高は、教師を睨みあげて言った。

「カンニングって言ったな?」。一六歳とはいえ「ムショ帰り」のヤクザ者である。「因縁付け」はお手の物だ。「もう一度言ってみろ、何がカンニングだ」。言葉に詰まった教師にたたみかける。「知ってるだろ、お前? 俺はこの教科書だって一行も読めねえ。問題だってチンプンカンプンだよ。知ってるだろお前? それでカンニングって何だ?」

職員室に呼ばれた。他の生徒の前での反抗は、教師の権威に関わる。自らの権力と優位性を誇示したいのだ。「メンツの世界」を渡り歩いてきた高には、そのセコい魂胆が手に取るようにわかった。「ふと見ると、職員室の窓にずらりと子どもたちの顔が並んでました。「ムショ帰りが先生と揉めてる」ってね。その先生は生徒に好かれていなかったので、期待してたんですね」。かたくなな高の態度に業を煮やした教師がついに手を振り上げた。その後に起こったことを、高は憶えていない。「「ムショ帰り」が先生を殴った!」。歓声で我に返った。教師を殴りつけていたのだ。「喧嘩ばかりしてきたんで、かわすのと殴り返すのは一連の動作でした(笑)」

「善く」なりたいと入った学校でまた「悪」を重ねたのだ。殴られた教師は、脱兎のごとく逃げ出した。彼を追って教室を飛び出した高は、彼の背中に怒号を投げつけると、はしゃぐ生徒たちを返す刀で怒鳴り上げた。「そうだ俺はムショ帰りだ! そうだ俺はワルだよ!」。獣のように咆哮し、子どもたちを追い払った高はそのまま学校を飛び出し、やがて退学した。「今にして思うと残念ですけどね。もっと踏ん張れば民族的素養が身に着いたかもしれないけど」

朝鮮人であるけど朝鮮語が分からない。この苦悩は高の執筆活動、とりわけ初期の切実な動機だった。「朝鮮語は父親の怒鳴り声と長屋のオバハンたちの賑やかなやり取りだけでした。結局、朝鮮語を学ぶにも日本語を通して学ぶことになるわけですよ」。それは日本国籍取得後、消しようがない朝鮮人としての自意識に悩み、朝鮮人団体からは「半日本人《パンチョッパリ》」と拒絶され、最後は焼身自殺した山村正明(梁正明《ヤンジョンミョン》)や、寸又峡《すまたきょう》事件の金嬉老《キムヒロ》、そして小松川事件の李珍宇《イジヌ》ら民族語を知らずに育った者たちへの共感に繋がっていく。

「とりわけ李珍宇には大きな共感をもちました。彼は母親が聾唖者でコミュニケーションが成り立たない。父親は日雇い労働者で家庭内教育などできない。言葉を知らないで育った人間がアイデンティティ表明しようとすれば、他者を殺すしかなくなる。彼は自分の殺人があったか否かを新聞社に電話して確認しましたね。私なりに言うと、彼はそこまで自らを喪失した者だった。朴寿南《パクスナム》さんが往復書簡を重ねて彼を支援しましたが、民族教育に傾きすぎに思えます。あれは言葉をもっている人の次元であって、言葉のない人間の次元ではない。私の彼への共感は言葉をもたない者の次元です。それに彼の犯罪は民族差別の歪みだけによるのでなく、歴史的、社会的な人間存在総体の奈落によると思います」

日本の知識人や犠牲者遺族までが減刑嘆願に名乗りを上げた矢先、政府は李の死刑を執行した。「やはり彼を生かして社会全体で一緒に考えるべきだった。李珍宇を描き切った作家は今のところいないと思う。それは私の宿題だと認識してます」

金天三

話はその一〇年前、高が六歳の時にさかのぼる。父が首吊り自殺に失敗した一九三八年、高は木下武夫として尋常小学校に入学した。大陸侵略を進める日本軍が、南京占領の際に大虐殺を起こした直後である。朝鮮人で皇国臣民。割れた自己を生きる高がそこで刷り込まれたのは、天皇の赤子としての統合だった。「外部」との接触は強烈な思い出を刻み付けた。皆が真新しい服を着るなかで、高は兄のお下がりに履き古した下駄姿だった。そして初登校日に高は、人の靴を盗もうとしている同級生を見とがめ、殴り合いの喧嘩を起こしてしまう。高と同じく、とても入学式とは思えぬ無残な風体をした相手もまた朝鮮人だった。

なぜ極端に貧乏なのか？　なぜ下に見られるのか？　学校での日々は、木下少年にとって「朝鮮」に劣性が付与されていく過程だった。小学校四年のとき、一線を越える出来事が起こる。「冬前で、ストーブの上に弁当を載せて温めてたら、教室の中にニンニクの匂いが漂ってきたんです。キムチを入れてるから当然です。私が最初に「臭い！」って言ったら、「臭いっ」って大合唱になってね。でも日本人の子どもが「チョーセン臭い」とか言うのを聞いたら急に怒りが込み上げてね。一番はやし立てた生徒を殴り倒した後、皆を睨みつけ、「今『臭いっ』て言った奴並べっ！」て怒鳴って、後ろに一列に並べて全員ぶん殴ったんです。笑ってない級長も責任だとかいって張り倒してね。ほんとに悪いことしました」。この頃、高自身、弁当に必ずキムチを入れる父に抗議して、「何が悪い」と怒る父と口論している。教室での暴挙は、自らの割れた感情の投影だった。

狼藉はエスカレートし、喧嘩が日常になった。「やられたら倍にして返さないと生きられない。石炭仲士の真似事で、籠を持っても結構いけたから力もあった」

そんな高に転機が訪れた。五年生になったときのこと。「最初の点呼で教師が「キンテンサン」って呼ぶわけです。父からは愛称で「サミー」って呼ばれるし、学校には木下武夫で行ってたから、最初は自分のことだと思わなかったわけです。象徴的ですけど、本名を忘れてたんですよ。教師が怒りだして気付いたんだけど、あえて呼ぶのは自分をバカにしてるんだと思って腹が立ってね、返事しなかったら余計に怒って。返事したら「お前は自分の名前もわからんのか！」と激怒されて」

本名を呼ばれたことを「差別」と認識したのだ。高は徹底的に反抗した。宿題、掃除も課されたすべてを無視したが、教師は断固たる態度ですべてをやり切らせた。その「本気」は高のこわばった心をついに解かした。創氏改名が推進された時期に、高は逆に通名を棄て、金天三を名乗った。「民族的」に生きる転機に思えたが、時代はそれを許さなかった。この教師は一年も経たず出征、理解のあった後任も三カ月で戦地に行き、共に命を落とした。大抵の教師は時の権力に隷従するばかりの国策の遂行者だった。呼ばれて取り戻した名前は、陰湿ないじめの「理由」になった。

進学した高等小学校で、名前を巡る教師との軋轢は「いじめ」の域を超えた。日常的な暴力である。「最初から名札を見て、「いつまでそんな名前を名乗ってるんだ」と。突然殴り倒されて叱責される。いきなり後ろから殴られて倒れた私を見下ろして無言で立ち去ることもあった」。朝鮮人が朝鮮人であることを理由に毎日、学校で教師から殴られるのである。

教師への憎しみは、歪んだ方向に高を向かわせた。「本土決戦になったら「一番立派に死んでやる、見ていろ」なんて思ってましたね」。当時、社会での最高善は「御国のために死ぬこと」だった。「殴られることに反発しても、「天皇陛下に申し訳ないと思わないのか」と言われると涙が滲む。それくらい教育勅語が浸みていたんですよ」。工場でつくっていた人間魚雷に乗って「敵」に体当たりする、それが高の夢となっていく。

八月一五日

戦況は日を追って悪化し、高たち高等小学校生にも学徒動員がかかる。行き先は関門海峡を臨む工場である。高等小学校で高を標的にした暴力教師が派遣されてきた。「朝礼で「お前の名前は何であるか」って。「金天三であります」と答えると「声が小さい」って、何回も繰り返した挙句、拳で殴られる。それで一日が始まったんです」。理不尽極まる暴力だが、高はそれを凌駕する理不尽で状況を乗り越えようとした。「腹が立つから教師が可愛がってる生徒ですね、級長とかを呼びつけて、その日殴られたのと同じ数だけ殴りつけてたんです。やりながら情けなかった。ほんと申し訳ないことをしたと思います」

死と飢えが隣り合わせだった。空襲後に黒焦げの遺体を見たことも少なくない。焼けた食糧倉庫に人びとが群がり、我先に炭化した砂糖を舐める姿は「餓鬼」を思わせた。とりわけ忘れられない光景がある。工場前の関門海峡では大型船が連日、機雷に触れて沈没した。血に染まった海から負傷者が引き上げられ、トラックで病院に運ばれていく。死体も頻繁に流れ着いた。最初は陸に上げて弔ったが陸地の人びとも数の多さに音を上げ、ほどなく軀《むくろ》は紐で岸壁に結わえられたまま放置されるようになった。膨れ上がった青白い軀から皮がむけ、小魚がついばむ。やがて手足の関節が外れ、死体は沖へと流れていった。まるで悼みすら失われた世界に見切りをつけ、生命の起源である海に戻っていくように。そのすぐ横では、死体など存在しないかのように子どもたちが泳ぎに興じている。高にとってこれらは、親鸞が見たはずの戦乱、飢饉の光景と重なっていく。

一九四五年八月、工場が盆休みとなり、長屋の外れにいた高に、見知った同胞が何かを叫んでいた。「負けたぞ、日本は負けたんだ」。固めてきた自意識が割れた。死ぬつもりだった自分はどうすればいいのか。誰も何も説明してくれなかった。数日後、高は学校の花壇を踏み荒らして、大暴れした。誰かの通報で駆けつけたのは高を毎日打擲した暴力教師だった。また殴られるかと思った高の前で、彼は信じられない行動に出た。猛り狂う生徒が高だと知った彼は、突如踵を返し逃げ去った。朝鮮人でありながら、高は「御国のために死ぬ」ことを最高善と刷り込まれてきた。戦争が長引けば、高は戦死、あるいは戦犯として裁かれた可能性すらあった。だが彼は梯子を外され、刷り込んだ男は逃げたのだ。「逃げるなっ!」。教師を追いかける高の怒号は、解読不能な咆哮となった。

「朝鮮人であることで殴られる。確かに理不尽だけど、支配、被支配の関係ができ上がってきた中で生きてきた私にとって、殴られることには自分なりの理由はあった」。いびつな関係の資源である民族差別は受ける側の骨髄にまで浸み込んでいた。「その関係は崩壊して、その構造に生きていた自分もまた崩壊したわけです」。国、そして大人が措定した価値に基づき、「善くあろうとした」行為は完全に否定されたのだ。高は高等小学校を二年でやめた。「敗戦後も殴られるかと思ってたのに、俺はこんな奴に殴られてたんだって」。絶望だった。

この教師には後日談がある。高が作家となったとき、初の著書を手渡そうと、下関を訪ねたことがあった。教師宅も訪問先の一つだった。思うに高は和解したかったのだ。自らを外部から見る目を持たず、善をなすつもりが悪に加担していた過去と。もっと言えばあの教師を赦したかったのだと思う。これからの自分を生きるために。

だが数十年ぶりの邂逅は無残な結果に終わった。高が教師宅を訪れると、この人物はやはり逃げたのだ。「君を知らん！」と言って。毎日のようにビンタを張っていた教師がそう言うのだ。朝鮮人学校でも日本の学校でも、教師との追いかけっこをするのは高の運命なのか。「私が仕返しに来たと思ったみたいですね。追いついて渡しましたけど、あの人とはそれきり」。そう言って高は笑った。もはや笑うしかないのだろう。これは「戦後」の朝鮮と日本の関係への隠喩となっている。加害者は被害者に真正面から向き合うことなく、ただ逃げ続けている。時間切れを待って。

一九四五年八月一五日、「善悪」は入れ替わり、高の価値観は叩き割られた。うつむく人も、解放をことほぐ人たちも、理由を教えてはくれない。高はあのときを決して「解放」とは言わない。その大きな理由はここだと思う。高等小学校をやめた後、高の暴力はエスカレートし、「腕白」の域を超えていく。弱い者いじめと盗みはしなかったし、性的には放埒の対極だったが、「これだけはしない」とのこだわりは他の「悪事」の敷居を低くした。両太腿に花札の絵柄を彫り込み、長屋の長老が「説教」に来れば、刀を振り回して追い払った。善悪の虚しさを知った高に、目上を敬う意味などなかった。「割れた者」高は、すべてを敵視する狂犬と化していく。「大半が刑務所帰りだったあの長屋でも、私は最上級のワルでした」

やがて無頼のツケを払う羽目になる。面識のあった町のヤクザが機雷除去をしている港湾労働者と揉めごとを起こした。「応援の声かけがあって、バカだから一人でノコノコ行って袋叩きにされてね（笑）、警察官に助けられ、派出所の机の上で大の字にのびてました」。収まらぬ荒くれ男たち五、六〇人が派出所を取り囲み、「殺せ」「殺せ」と叫んで扉を叩く。警察官も事態を収拾できなくなっていたとき、高の父がやってきた。

「派出所に来てね、「これは俺の子だ。父親が子どもを連れて帰って何の問題がある？」って。父親の日本語を聞いたのはあのときだけ（笑）。背中に私を負ぶって家に連れ帰ったんです。荒くれたちがスーッと道を割ってね、気迫だったと思います」

高はこの喧嘩沙汰で傷害罪に問われ、収監された。筋目が立てば腕力を振るうのは塀の中でも変わらない。序列にモノを言わせて同房者のメシを奪う監房長を絞め殺しかけたのを皮切りに、度重なる暴力沙汰を起こした。仮釈放の日に喧嘩沙汰を起こし、内緒で迎えに来ていた父親に空振りを喰わせたこともある。懲役六から一〇月の不定期刑だったが、「一日もまからなかったです」という。世間では指弾される犯罪の「悪さ」が人の威光を高める逆転した世界である。高がジャン・ジュネに寄せる大きな共感は、この懲役体験に依拠する。「彼は世間的には悪とされる行為から文字の世界の秩序に挑んでいくわけです。私はそこまで筆力がないからできなかったけど、ジュネは李珍宇と共通するものがあります」

出所後、民族学校に「生き直し」をかけるも失敗したのは前述の通りである。

鉄格子の前で

「善」をなそうとして「悪」を積み重ねてしまう。高は一九四九年、ここ山口では生き直せないとの思いで上京する。「でもすぐに行きづまりました。仕事がない。一〇、二〇軒と回るけど、朝鮮人と分かった瞬間にもうダメです。三日ほど何も食べず寝ていたら、自殺志願者ではと心配した下宿屋の親父さんと奥さんがやってきてね。説明したらあきれて、「アンタそれなら職安にいけばいいんだよっ！」って」。高の実年齢は一六歳である。就労可能年齢には二歳足らなかったが、中野区役所で外国人登録の年齢を一八歳に書き換え(詳細は不明だが、当時はそんなことが可能だったのだ)、失業者の群に混じった。

元憲兵やシベリア抑留経験者、戦争未亡人、元商社員、学生、レッドパージで職場を追われた共産党員、復員兵……。どん底の中で生きる道を求める人びとがいた。「生きることに貪欲で、煩悩具足の凡夫そのものだけど、明るく前向きに、助けあって生きる。この人たちには朝鮮人長屋の人たちに、父に、通じるものがありました。煩悩を露わにしつつ、生を肯定する。まさに親鸞が共に救われんと願った人びとがあそこにいました」

毎日数千人が職安に並ぶが、いわゆる「アブレ」も多く、広場では連日、「仕事よこせ」デモがなされ、機動隊と失業者との間で衝突が繰り返されていた。その日も広場には三〇〇〇人もの労働者が座り込んでいた。号令と同時にフル装備の警官隊が排除にかかり、怒号が飛び交った。「撃たれたぞっ！」って声がしましてね、拳銃をかざした警官隊が突進してきた」。目の前にいた初老の労働者が棍棒で殴られ、倒れた彼に襲いかかる官憲を見た……「気がつくと警官を殴り倒してました。弱い立場の人がやられたのを見て、つい頭に血が上って。父の教育ですね(笑)。警官数人が飛びかかってきて両脇を抱えられ、躰が宙に浮いたと思ったら、次の瞬間にはトラックに乗せられてました」

トラックは被疑者、高を乗せて急発進したが、すぐに急制動される。その後も急発進と急停車が繰り返された。数人がかりで抑えつけられていた頭を上げたとき、信じられない光景が高の目に映った。「ニコヨン(日雇い労働者のこと)のオッサンたちが、トラックの前に次々と飛び込んでくるんです」。叫び声が意味を持って聞こえてきた。「あちこちで「キンテンが捕まったぞ!」「キンテンを助けろ!」って」。ニコヨン仲間での高の愛称だった。「こんなヤクザの限りを尽くしてきた人間のために躰を張っている人がいた」。どん底を生きる者だからこそ、善悪を超えた根源的な共感性を持っていたのだ。今もあのときの「キンテン」との叫びは耳に残る。それは小学五年のとき、教師に呼ばれた「キンテンサン」、何よりも父の呼ぶ「サミー」に重なる温かい声だった。名乗らされて殴られた「金天三」ではない。対等な仲間の呼称として名を呼ばれたのだ。「あれで学びました。人間はまず行動があって理論は後からついてくると思う。後で共産党の活動家になるわけですが、上からの方針で物事が動き、歴史が創られるという発想はインテリの傲慢です」。これが高の座標軸となった。

連行された淀橋署(現・新宿警察署)では殺されかけた。「先に留置場から出された仲間が殴り倒されて、何度も蹴られて気絶したんです。それで私も気絶した振りをしようと思ってたんですけどね……」。警察官は高に告げた。「お前は死刑だ。騒乱罪は死刑なんだ」

高は鉄格子の前に立たされ、取り囲んだ警察官に警棒で全方位から滅多打ちにされた。「踊り」と言われる特高時代の拷問である。足や尻、背中を殴られ突かれ、締めには股間を一撃された。「気絶の振り」どころではない。気がつくと留置場の床に転がっていた。計三度の「踊り」。そこで自分を支えたのは「キンテン」「キンテン」の声だった。痛いとの声すら出せずに横たわっていたとき、署内に怒鳴り声が響いた。「『キンテンはどこにおるかっ!』って」。布施辰治《ふせたつじ》だった。官憲による大逆罪の捏造「朴烈《ぼくれつ》事件」や、独立運動家による武装闘争「義烈団事件」などの弁護人を務め、死刑廃止論者でもあった伝説的な人権弁護士が救出に来たのだ。

布施に抱きかかえられ警察署を出た。「中野の診療所でズボンを脱いで回れ右させられて、医者が開口一番、『お前、それでよく生きとったな!』って。下半身の前の方が内出血で真っ黒だったんです。ちょうど殺された小林多喜二の写真みたいでした。医者が言うには痛めつけるなら後ろを殴る。殺すつもりのときは前から突くんだと。それでも死ななかったのは悪ガキ時代にさんざん殴られたおかげかもしれません(笑)」

釈放直後の一九五〇年、ニコヨン仲間の勧めで、高は日本共産党に入党した。「一国一党の原則で朝鮮人は当然、共産党員になるべきだと」。社会変革に自らの解放を重ねた高は、この前年に強制解散させられた在日本朝鮮人連盟(朝連)の財産没収に抵抗する朝鮮人たちの抗議集会に参加する。朝鮮語の演説内容はまったく分からなかったが、集会は官憲との衝突に発展する。一九五〇年三月の「台東会館事件」である。「警察官に追われた若い女性が運悪く私の方に逃げてきてね。咄嗟に警官を殴り倒してました」。またもや逮捕である。

大胆な行動ゆえか、「仕事よこせ事件」での逮捕歴か、検察当局は高を首魁の一人と見做し、民族団体の幹部たちと共に起訴した。だが高はあの場のリーダーたちを誰一人知らないのだ。筋書きありきの荒唐無稽な起訴だった。弁護を担当したのは再び布施である。共同謀議の存在を主張する検察側に、布施はこう反論した。「この男は朝鮮人に知りあいがいないし、朝鮮語もできない。共同謀議などできない」と。「あの論法には「なるほど」と思いましたね」。布施の弁護を振り返り、高はこう評価するが、朝鮮人でありながら民族語ができず、朝鮮人に知己もいない「孤立」が皮肉にも高を助けたのだ。高は内心、どのような思いで弁護を聴いていたのだろうか。

この事件で勾留されたときに手にしたのが『民主主義』と題された書物だった。差し入れではない。おそらく占領者の米国が、自国の「価値」をPRするために読ませていたのだろう。「党員ですけど理論書は読んだことがなかった。本を読んで私も民主主義は良いものだと思って党活動に打ち込んで、それが原因で今度は占領政策に抵触する。デモ現場で米兵が参加者を滅多打ちにするのにも遭遇しました。気に食わない者を叩きのめすのが米国の民主主義なんだと。朝鮮の南北分断も米国の都合、要するに国家エゴではないかと」

米国の都合が日本の秩序を築いていった。それは二度目の世界大戦を経た人びとが、その根本を「問い直す」機会を捨て去ることを意味していた。東西対立が朝鮮戦争として噴出すると、首相、吉田茂はそれを「天佑」とことほいだ。「植民地だった朝鮮の不幸を踏み台に自らの社会を立て直すことを選んだ。日本はあの敗戦を経て、その後の世界に貢献できる道を自分で閉ざしたわけです」。米国の世界戦略に付き従うことで、アジアへの歴史的責任をうやむやにし、核の傘に守られながら一国の繁栄を獲得する退廃の道を選んだのだ。

それは日本に留まらぬ問題だと高は言う。「他者を征服や支配の対象としてしまう近代的知性の在り方、私なりに言えばデカルト的「我思う……」の「言葉の智恵」の矛盾を問い直すことなく、同じ論理を続けている」。高が八・一五を「解放」と呼ばないもう一つの理由はこれだろう。

武装闘争

高が信じた「革命組織」も国家エゴに踊らされる駒だった。契機は主流派の野坂参三らが提唱した「平和革命論」を、コミンフォルムが名指しで批判したことだ。党は批判に反論する「所感派」と、容認する「国際派」、双方に距離を置く者たちなどに分裂。一九五一年二月二三日、第四回全国協議会(四全協)で反米武装闘争の方針が打ち出され、それは同年一〇月の五全協で実践課題となる。中ソの意向に従う形で、日本共産党はそれまでのためらいをなげうち、一気に武装闘争へと突き進んでいく。

その中で高は地下活動に入る。四全協の前提、「戦時意識」を躰で感じていたのだ。「ストックホルム・アピールの署名で逮捕された人もいた時代です。私はニコヨンで殴られているし、(米軍が使っていた)豊多摩の刑務所の塀に朝鮮戦争反対のビラを貼りつけたりもしてました」

高は山村工作隊の隊長として、中核自衛隊(日本共産党の軍事組織)の学生メンバーを引き連れて小河内村の山村に入る。そのとき、取材に来たのが渡邉恒雄、後の「ナベツネ」である。それは一九五二年四月三日付『読売新聞』の社会面トップに、「山村工作隊のアジトに乗込む」と題した「特ダネ」として掲載されている。高と渡邉のやり取りの一部である。

問「仕事は……」
答「聞くだけヤボだ。革命の工作に決っているじゃないか」
問「東京の生活を考えたことはないか」
答「東京の生活が恋しいなどというのはお前達の考えることだ。われわれは人民と共に生活している時が一番楽しい」
問「四月になっても学校は休むのか」
答「おれたちはここで学問をしているのだ、お前のしたような実践と遊離した学問はしない、四月からどうしようとこっちの勝手だよ」
問「いつまでここに立籠るか」
答「そんなこと答える限りでない。ここにいれば十人で百人、いや千人まではやっつけられる。バズーカ砲も戦車もここでは役に立たぬ」
問「君達は暴力革命が成功すると思っているか」
答「もちろん成功するさ。その暁にはお前など本当は絞首刑だと言いたいが、お前など殺してもしようがない。さっさと帰り給え」

今読むとどこか冗談のようだが、無謀な直撃取材だった。渡邉自身、都内に戻ってから「死の恐怖がこみ上げてきた」と述懐している。じつはメンバー間では「帰せばアジトがばれる。この際、殺して埋めよう」との意見が有力だった。渡邉が除名された元党員(=裏切り者)であることもバレていた。

それを制したのは高である。「「万人の幸せのために革命を志向するのに、なぜ人殺しをするのか」との思いでした。大前提は「殺すな」。朝鮮長屋の人びとや、トラックに飛び込んだニコヨンの人たちから学んだことです」。ちなみに当時、読売新聞系週刊誌の記者だった渡邉は、この「独占スクープ」を契機に本体の政治部に抜擢され、読売グループの首魁、政界フィクサーへと変貌していく。

簡単に「殺す」と口にできてしまう身体性の欠落。すでに高の内心には、「革命ごっこ」への生理的嫌悪が渦巻いていたようだ。下山した後の「血のメーデー」と、その直後の「五・三〇」(この二年前、皇居前広場〔人民広場〕で起きた弾圧事件を刻むため、各地で行われた抗議行動のこと。高が参加した新宿駅前では、大量の火炎瓶が使用された)を経て、それは爆発する。「「五・三〇事件」では火炎瓶はもちろん、なかにはピストルを持参した者までいてね。「騒ぎありき」なんです。一方で動員された人たちは何かが起こるのを待っている野次馬ばかり。権力への挑発でしかない運動は人びとからも嫌悪されていくわけです」

思わず批判意見を口走った高は「反党分子」と見做された。身体性を欠いた方針が暴走し、人間の「生きる」を抑圧していた。退廃である。たまたま赴いたある大学細胞の集まりで目にしたのは、学生リーダーが、海外留学を希望する党員を「日和見」と糾弾する姿だった。「何が悪いのか?」と疑義を呈した高は、学生たちと怒号の応酬を繰り広げた。気がつくと学生たちが逃げ出した。高は長机を持ち上げ、咆哮していたのだ。

「苦労して生きてきたニコヨンの人たちのような身体感覚がない。学生だけでなく戦後の共産党はどんどん観念に毒されて、生きている人間の現実を見失っていった」

お茶の水女子大学の細胞だった岡百合子(一九三一年生)と恋に落ちたのはこの頃である。だが「反党分子と付き合う」岡までも指弾され、「党の決定」で、逢うのはおろか、電話すらも禁じられた。無茶苦茶な「決定」だが、一方で高は、ここに至っても党に留まるのである(正確に言えば離党を申し出たが、「国際共産主義への裏切り」などと怒鳴られ、押し留められるのだ)。『夜がときの歩みを暗くするとき』を貫く異様さは、この自らの状況を客観的に把握できない閉鎖性である。その外部のなさは、毎日殴られても学校や工場に通った皇国少年時代と変わらない。「「朝鮮人であることは共産党員であること」というのがあって、当時の私の中では、離党は朝鮮人を止めることを意味していた。説明し難いですけど」

善と悪

武装闘争方針は行き詰まっていた。「血のメーデー事件」でも先頭に立ったのは朝鮮人ばかりだったという。「平和」を謳歌し始めた日本と、故郷で同胞が殺されている者との間では、革命への切実さに絶望的な落差があった。事件後、破壊活動防止法が成立。直後の総選挙で共産党は、一九四九年の総選挙で得た三〇余の議席をすべて失った。迷走する組織が打ち出したのが「点検運動」である。岡は言う。「方針の誤りは明確なのに、組織は逆に内部の引き締めで乗り切ろうとしたんです」。追い詰められると内部に敵を求めていく。時空を超えて続くセクトの宿痾である。

その流れが高を呑み込んだ。一切の任を解かれ、連日の査問が続く。自己批判文を求められても書くことなどなかった。軟禁場所は下町のバラックだ。「焼け残った煉瓦塀に板を立てかけた粗末な建物でね。持ち主は朝鮮人で、ベニヤで仕切った場所が私の幽閉場所です。その朝鮮人家庭は母親が聾唖者で、父親はアル中。四六時中、物凄い勢いで怒鳴り声がする。李珍宇の家庭そのものです」。「野良犬」「堕落分子」「裏切り者」と罵倒され、連日の査問に心が解体されていく。この時期、高は二度の自殺未遂を起こしている。

その日々を耐え抜き、高は再起する。文京区氷川下の製本所に派遣され、働いた。「渡されるのは月一〇〇〇円です。朝はかけ蕎麦、夜もかけ蕎麦の毎日でギスギスに痩せてね。それでも働くと何かしらの解放感があるわけです」。要注意人物として預けられた高だが、その姿勢は周囲の目線を変えてしまう。組織内の「あるべき姿」において他者を凌駕し、地域組織のリーダーシップをとるに至るのである。それはまた「悪」を重ねる道だった。

「真面目にならねばと思うほど、観念的な党の方針にとり憑かれていく。身体では反発するけど一方で「やらねば」と思う自分がいておかしくなる。無茶苦茶でしたね。党の方針に忠実になろうとすれば査問する側になる。隣の誰かを張り倒さないと存在し切れない精神状態になっていく」。その先は査問である。自らが受けた難を仲間に加えていくのだ。職場の無断放棄や機関誌拡張実績の虚偽報告……些細な「嘘」を端緒にし、仲間に「スパイ」の嫌疑をかけて連日問い質した。「なぜ嘘をついた」「お前はスパイだろ」「この日和見!」「二心者」――。よりよい生を獲得するため創られたはずの「党」が、「人間」を粉々に破壊していく。「善」を求めた高はひたすら「悪」を積み重ねていった。

査問の相手は蒸発した。高はこの体験があったからこそデビュー作を書いたとも語る。多くの党員、元党員は、この時期に自ら為した言動に口をつぐんだまま、次々と鬼籍に入っていく。だが高は真逆

神奈川県大磯町の自宅で、妻の岡百合子とともに。2016年6月21日

である。執拗なまでにこの「傷」の瘡蓋を引き剝がし、自らの「悪」を自伝やエッセイに幾度も書き記してきた。特に詳しく書かれているのは、三度目となる自伝『闇を喰む』である。次代への責任ゆえだ。「やはり繰り返してはいけないと思うんです。連合赤軍の事件が起きたとき、私は日本共産党の亡霊が蘇った気がしました。自らの罪を含め根底から問い直すべきです。この問題には世界史、人類史の矛盾が含まれている。これを解決しないと次にはいけない」

路線転換の人柱

党との離別は唐突だった。耳にした「朝鮮人党員は離党」との噂を質す高に、地域幹部はこともなげだった。「党中央の通達なんだ」。彼は他でもない、高を査問した人物であり、離党を申し出た高を「国際主義だろ！　この

裏切り者」と怒鳴りつけ、党に縛った人物である。「「朝鮮人だから共産党員」と言っていた人が、

「で、どうする？　辞める？　帰化する？」です。なぜと聞いても「組織決定」ばかりです。指示を出す本人も理由を知らない」

すでに岡と結婚していた。彼女は当時の高について言う。「衝突しても党を離れなかったのは、自分のせいで朝鮮人活動家の評価を落とすわけにはいかないとの意識でした。あの通達で彼は壊れてしまいました。彼のお酒は陽気で乱れたことなどなかったのに、深夜に酩酊して帰ってきて横になって……見ると声も出さずに泣いてるんです。それから毎晩のように泥酔して帰ってきて、私の目に非難をみたんでしょうね、逆に凄い目で睨み返してきました。どんな思いで活動していたか、崩れそうになる党への思いを繋ぎ止めていたかを私は理解していなかったことにそのとき、気づきましたね」

おおむねの流れはこうだった。朝連の強制解散後の後継組織は在日朝鮮統一民主戦線（民戦）である。一国一党路線を実践し、日本共産党民族対策部（民対）の下に左派朝鮮人を結集させ、軍事方針も忠実に実行した。だが、在日を「少数民族」と規定し、「日本の革命」へと動員する共産党に対し、祖国（DPRK）との連携を重視する者からの異論がしばしば噴出、つねに最前線を担うことで支払う犠牲も民対路線に対する不満や疑問を増大させ、在日内部での対立が生まれていた。一九五四年八月には在日朝鮮人を「共和国公民」とする南日《ナムイル》・DPRK外相の声明があり、脱民対が加速した。中国に渡っていた徳田球一の死去や、武装闘争による党勢衰退で路線転換を模索していた共産党もその流れに沿い、在日朝鮮人に対する方針変更を決定した。一九五五年の朝鮮総連結成から約二カ月後、共産党は六全協で武装闘争路線を「極左冒険主義」などと批判し、他人事のように封印した——。

山村工作もメーデーも五・三〇も、査問も、高が自らの拠り所とした方針は、あずかり知らぬところで転換され、善と悪は入れ替わったのだ。問題は誰も、何も責任を取らなかったことだ。六全協直後、高はかつて自分を査問し、怒鳴り上げたその地域幹部の許に挨拶に行った。かつて暴力教師の許を訪れたように、今後を生きる区切りをつけたかったのだろう。「私の顔を見ると彼は真っ青になってね。査問の仕返しに自分を殺しに来たと思ったんですね。その程度だった、虚しかったですね」。主義主張に裏切られた幾度目かの経験だった。

潜伏していた高は、じつはいくつかの事件で追われる身だった。組織は自首を勧める一方で弁護士費用も工面しなかった。高は路線転換の人柱だった。「でも地域の活動家がカンパしてくれたんです。ズダ袋一杯のカンパを自由法曹団の事務所に持っていって、机の上にあけたら一〇円玉とか一〇〇円玉がザーッと出てきて弁護士が目を剝きましたよ(笑)」。私はその逸話に、貧乏長屋時代の、米櫃に流れ込んでいく米のイメージを連想した。

大勢の傍聴支援を警戒し、裁判所は大法廷を用意していたが、そこにいたのは岡一人。高が被告になったのは「決定」あってこそだが、その責任者は誰一人来なかった。拘置所で、おそらくは米軍が頒布した『民主主義』を読み、党では反党分子として指弾された挙句、「朝鮮人」を理由に排除された。地上に出れば党の任務を理由に日本国に裁かれる。矛盾の極みだった。メーデーの首謀者と見做された高は重罪の危険もあったが、起訴事実は争われず、執行猶予で終わった。「経緯は分かりませんけど、すでに他の裁判は終わってました。争えば他の人も一から調べることになるでしょ。いわゆる司法取引があったのでしょう」

党の方針で失効したままだった外国人登録証明書も再発行された。尽力したのは後の自由法曹団長、上田誠吉である。「小平の眼鏡橋で手渡されました。「これからは表で生きてください」って言われてね。共産党をやめて、もともとの朝鮮籍に戻ったんです」

土と生きる者たちの「思想」

共産党からは朝鮮総連を紹介されたが、そこは高の居場所ではなかった。「共産党で活動していた人間への風当たりは強かったです。朝鮮語もできないですから邪険にされてね」。もう一つの排除である。ときおり高の文章に出てくる「お前は名前以外、朝鮮人ではない」「朝鮮語もできない」などの罵声は、この時期に投げつけられたのだろう。朝鮮人の解放を信じて突き進んだ活動は、自らを朝鮮人コミュニティの「異端」に追いやった。以来、民族団体とは関わっていない。「組織の幅の狭さを感じましたね。その頃は小平に住んでいたんですけど、地元で朝鮮大学校建設への反対運動が起きてましてね、学校側が地域を回って理解を求めて署名を集めてたんです。うちにも来たんですけど、金天三って書いたら吃驚されてね。私は組織からはかなり批判されていたんですよ。それでも私が自分を朝鮮人と自己規定することに抵抗がなかったのは、父でした」

民族語を解さない「欠落」を指摘、あるいは批判されつつ、それでも高が自らを「朝鮮語が分からない朝鮮人」と言い切る根拠は、父の存在だった。

「丸ごとの朝鮮人でした。私が悪さをすると兄貴が怒られる。朝鮮式なんですね。折檻は竹の鞭でお尻を叩かれるんですけど、ご飯の時間になると中断する。どんな悪い者にもご飯を食べる権利はあると考えていた。長屋の端に日本人の老夫婦が住んでいたんですけど、ご飯が炊き上がると最初に丼一杯をもって、私に届けさせるんです。老夫婦が喜ぶ顔を見せたかったんだと思います。あれも教育でした」

「紙一枚とってくるな」「箸一本もらってくるな」「釘一本拾ってくるな」。これが家訓だった。口癖は「人を殴る者は背中を縮めて眠るが、殴られた者は、手足を伸ばして眠ることができる」だ。何かで臨時収入を得た長屋の住人が、二人にお小遣いをあげると「乞食じゃない」と怒鳴り込み大喧嘩になった。母はおらず、激しい差別の中を生きざるを得ない状況で、子どもに朝鮮人として誇りを持って生きてほしいとの思いだったのだろう。

一方、長屋社会で父の信頼は厚かった。「長屋のオバハンがマッコリをつくると、丼に入れた最初の一杯を持ってくるんです。父は飲み干して「良くできた」か「良くない」か、これだけ。でもあれがじつに記憶に残っている。解放後も闇市には一切手を出さなかった。当時、兄や私は不満でしたよ。「闇屋をやればもっと稼げる。少しは生活がマシになるのに」って。実際、兄は闇屋で儲けてたみたいです。でも父は違ってたんです。闇市で同胞が肩で風切って歩いているみたいな噂を聞くと、「祖国を造らないといけないのにそんな暇があるのか」とか、「確かに自分たちは日本人にひどい目に遭わされたけど、それを今度は自分たちがやっていいのか」って。父の基本は「殺してはいけない」ということと、「他人の不幸の上に自分の幸福は築けない」ということです」

不器用な父が高に伝えたのは、人間としての根源的な「品性」だった。いつの頃からか父が口にするようになった朝鮮語の「ナームハブタブ」が、「南無阿弥陀仏」のことだと知るのは後のこと。「墓参りの供養とかじゃなくて、私が悪さをしたときに唱えるわけです。阿弥陀の眼を意識しつつ、生きとし生ける者のために生きる。今にして思うと父は、阿弥陀の思想を生きた人だったんです」

父の根幹に高は、土と生きる者たちの「思想」を見る。その例は長屋での喧嘩作法という。「いつ血の雨が降るかという剣幕で怒鳴り合うけど、咽が渇くと水を飲み、タバコを一服したり。ときにはご飯を食べてから再開する。言いたいことを言い合った上で、回りの人たちが勝敗を決めるんです」。互いの主張を目一杯ぶつけつつ、破局は避ける。

「長屋の人はほとんどが農民出身です。人との関係でなく、まず土との関係で生きてきた。人間は社会的な存在ですから「社会の縁」は大事だけど、それでは不十分。生命の縁、命の縁が必要です。相手を打倒や支配の対象とせず、共に自然の一部と自覚し、共生する思想があったのだと思う」。何よりもそれは生きるために必要だったと高は考える。「極貧の中では、大地と一緒にある論理世界がないと人間は生きていくことができない。人間という存在はね、大地との縁が切れてしまったら、どんなひどいことでもできてしまうんですよ」

最初のインタビューで「あなたにとって朝鮮とは?」と訊くと、高は「それは父親です」と言い切った。「文字も分からず、歌も踊りもできない男だったけど、酒を呑む姿も、喧嘩の仕方も朝鮮人そのもの。私にとって父こそが朝鮮です。父が与えてくれた丸ごとの朝鮮は今も私の中に生きています。朝鮮という文字、響きは特別で、躰が理屈抜きにそこへ動く。そこを離れてどこかに行くわけにはいかない。朝鮮籍なのは何よりもそこです」

単独者となった頃、高は生まれ育った下関を訪ねている。「オバハンたちの手をみると爪が半分しかない。仕事がないから三菱の造船所から出るゴミに群がり鉄屑をあさってた。最初は貝掘でやるけど追いつかないから素手でやるんです。それで生きて、飯を食って、子どもを育てていたんです」。観念の呪縛が少しずつ、解けていった。

離党翌年には「スターリン批判」がなされる。国際共産主義運動をリードする「善き国」の実態は、個人崇拝と監視・管理、粛清が横行する「巨大な監獄」だった。やがて「赤い夢」の現実も徐々に露呈していく。それは西側と同様のヘゲモニー争いであり、他者を支配し、利用するエゴの世界に他ならなかった。三年後の一九五九年、DPRKへの「帰国事業」が始まる。ニコヨン時代、ただ一人の朝鮮人の友人は帰国船に乗った。続きたかったが、「私は拒絶される存在でした。南の韓国に帰った人もいましたけど、私はあり得ない」

文学との出会い

知遇を得ていた野間宏に勧められ、この頃から読書に没頭するようになった。『歎異抄』と初めて出会ったのも、ドストエフスキーを読んだのもこの頃からだ。岡は振り返る。「机の前に一日中座ってね。働いてばかりで座るのが苦手、座布団を何枚も敷くから日曜大工で机の足をたすでしょ。段々、机が高くなっていくんです。そのうち「自分も書く」とか言い出して、この人、本読み過ぎて頭がおかしくなったのかと思いましたよ(笑)」。高は言う。「私は組織の論理で人間崩壊に至った。崩壊した人間が生きる場は、社会思想の中にはなかった。むしろ文学のような融通無碍な世界にしか行き場がなかった。あっちで悪いこととして、こっちで良いことするみたいなね。政治論理の世界は進行につれて間を埋める。埋めないと崩壊するんです。でも文学は間を埋め切ると成立しない。文学で自分をもう一度、捉え直したい、引き裂かれた自分の統一を回復したいと思った。自分を回復したいとの思いは今も変わりません」

文学に取り組む一方で、金嬉老事件の裁判傍聴に通った。

「事件は非常に深い問題提起をしました。日本社会が朝鮮人の問題を解決してこなかったことの意味を、死刑覚悟で突き付けた「表現」でした。しかも自らの死を覚悟しつつ人質は傷つけなかった。世論の共感がなければ金嬉老は射殺されていたでしょう。社会にある種の共感を広げたのは、民衆レベルでは、朝鮮人問題を無視している日本の現実が自覚されてたということ。殺人を認めるわけじゃないですが、命を賭けたことで初めて社会化された。でも事件で提起された問題は今に至るまで解決していないと思う」

裁判では高も証言台に立った。在日作家の草分け、金達寿《キムダルス》を特別弁護人に選任した裁判である。他にも金時鐘や鄭貴文《チョンキムン》、李恢成らが意見陳述した。申し合わせたように皆が語った一言は、「金嬉老は私だ！」である。中でも経歴という意味で最も金嬉老に近かったのは高だろう。教師に殴られ大便を漏らして学校をやめ、朝鮮語を知らず、ゴロツキ稼業を続けたあげく、ヤクザを射殺するに至った金嬉老の来歴は、高の生きた世界そのものだった。

「私があの席にいてもおかしくないとの思いが根本でした。法廷で言ったのは、なんで朝鮮人が朝鮮語を知らないのかということです。私に言わせれば朝鮮人で朝鮮語を知らないことくらい大変なことはないわけですよ。金嬉老の場合、存在の根っ子にそれがあった。彼は自分自身の存在価値をどこに見出していいか分からないまま問題を背負ってしまい、殺人という極限の形でしか表現できなかったと思う」

当時の高を知る一人が仏文学者の鈴木道彦である。「一九六八年に公判が始まると、対策委員会の報告集会にときどき顔を出す人がいました。当時は「O」と名乗ってた。体格が良くて、柔和な表情で、大抵は何も発言せずに帰ってました」。翌年、金がスナック「みんくす」で犯した殺人をテーマにシンポジウムを開いたときだった。「珍しく「O」さんが発言を求めてね。「ぼくはじつは朝鮮人なんです」って。それで自分の生い立ちがどれだけ金嬉老に近いかを話されて、「自分を殺すことによって自分を解放するという以外に手段がないところに追い込まれた者の行為であって、あれは自殺といってもいいけど、ぼくは断固として自殺したくない。今までの負債を全部返して勝ちたい！」って。かなり長時間話されましたよ」

親鸞との対話

金嬉老事件の公判さなかの一九七一年、高はデビュー作を上梓した。朝鮮総連を離れた言論人たちが次々と作品を発表していた時期だ。日本語で文学を紡ぎながら、「日本文学」の一分野に取り込まれるのを拒み、自らの在日の根拠を模索していく在日第二世代の文人たち。その中に高もいた。論考集『彼方に光を求めて』に続く三作目は『生きることの意味』。朝鮮人の父親を持つ息子に宛てた作品だった。だが、その半年後、息子は団地上階から身を投げた。最後の短い会話を今も鮮明に思い出す。

「ちょっと学校に行ってくる」

「はい行ってらっしゃい」

扉を背に机に向かっていた高が振り返ったとき、子どもの顔は閉まる扉の向こうに消えていった。夜、子どもは棺に入って戻ってきた。

そのとき読んでいたのは朝鮮語のテキストだった。作家デビュー後も自らの朝鮮性を獲得しようと言葉を学んでいたのである。「ちょうど初級のテキストが終わって、本を読もうかと思っていたところでした。でもそれどころじゃなくなっちゃった……」

棺で帰宅した息子を挟み、三人で川の字になって寝た。とり憑かれたように高は本を読み始めた。教育や自然科学、社会科学、文学、宗教……。「死とは何か、命とは何かを知りたかった。本を読んで解決するわけじゃないけど、知り得るところまで知りたかった」と高は言う。「私は『本読んでも生き返るわけじゃないのに』って思ってた」と、岡は振り返る。今も高が理系の知識を駆使して語るのは、このときの「学び」が元である。

それは『歎異抄』へと収斂されていく。供養としての念仏をも否定する親鸞の言葉に触れたときは、壊れた心がさらに壊される思いだったが、それでも手放せなかった。「なぜ身近な者を救えなかったのか。彼の苦悩に気づいてあげられなかったのかと。鈍感だったんです。中学に入ったとき、私はうれしくてね、思わず『これから自分のことは自分で責任をとりなさい』と言ったんです。よかれと思って言ったけど、それが彼を追い込んでしまった。『生きることの意味』に置いてきた言葉を握り返すのがそれ以来の歩みです。息の続く限り考え続けていく大きなテーマです」

慟哭の果てに辿り着いた親鸞との対話は、『一粒の涙を抱きて　歎異抄との出会い』を皮切りに、膨大な書物となり世に送られていった。タイトルに多いのは「いのち」と「子ども」の文字である。そのメッセージは苦悩する子どもたちに届き、対話に繫がり、多くの子どもが自死を思い留まった。息子の自殺は高にとって、阿弥陀の請願だったのかもしれない。親鸞との対話は、九〇〇頁を超える大著『月愛三昧』として結実している。

「仏教では悟りを開くとか言いますけど、親鸞はそれとは逆に行く。むしろ「悟ったらおしまいだ」くらいの境地に行っている。彼は日本の仏教史上で初めて「人間は悟りには達しない」と言い切った、「人間は仏にはならない」と結論づけた人です」

その言葉は現代世界を成り立たせてきた合理的知性の限界を射程に収める。「もちろん善悪の物差しを無視して人間は社会を形成できないけど、それは絶対ではない。絶対化は「悟り」へと人間を吊り上げる。人間は「悟り」にはいけない、絶対者にはなれない、越えてはいけない一線があるのです」。知性の産物である党や政治イデオロギーに身を委ね、善を実現しようとして悪に落ち込んできた高ゆえの解釈である。

越えてはならぬ一線に高は死刑をあげた。「「言語の世界」で死刑がある以上、宣告まではあり得る。でも執行は人間の領分を超えています。人間とは本来、何者かに赦されている存在だと思う。でも近現代は特にそれを欠いてきた。旧約聖書に「この木の実を食べてはならぬ」とありますが、執行とは木の実を食べること、執行とは神になることだと思うのです」

死刑をとば口に、高は続けた。「これを言うと批判されたりしますけど、そもそも私はA級戦犯だって処刑するべきではなかったと思う。あれだけの死を経験したはずの日本で、さらなる死を許容してしまった。それで自分たちの体験を開く道を閉ざしてしまった。「もう国家による死は認めない」と、連合国に対して声明を出してもよかったと思うのに、むしろA級戦犯に罪を押し付ける形で「良し」としてしまった。人間の善悪の物差しで処理するとき、自らを問わない思考は、近代以降、より強まっていると思う」

「問い」を殺す、それこそ高が死刑を批判する根拠だ。「植民地出身戦犯の処刑もそうです。BC級戦犯とは、少なくとも明治維新以降の日本とアジア諸国、そして世界全体を取り巻く問題を根本から問い直す存在なのに処刑で蓋をした。李珍宇もそう。彼の問題提起を考える機会は執行で奪われた。罪を処罰の問題に矮小化してしまった」。一口で罪と言っても、個人や社会、国家のレベル、そして法律や倫理、宗教的次元と様々あるが、高が語る罪には異なる位相が交錯する。罪を言分けする行為は、「問い」を深めるというよりむしろ、その妨げになると考えているようにも思えた。

国家を批判的に問うとの思いも、高が無国籍としての「朝鮮籍」を維持する思いの根底にある。人間の知性が生み出したひとつの制度である「国民国家」は、つねに高のような「外部」をつくりだし、戦争と死刑という殺人を犯す。

「ニコヨン時代、ソ連に抑留されて戻ってきた沖縄出身の復員兵がいました。「故郷に帰る」というから皆でささやかな宴席を持ったんですが、一カ月もしないうちに新宿に戻ってきた。「なんで？」と訊くと、門司(北九州市)でMPに「お前は降りろ」と追い出されたと。ソ連の捕虜だった経験が問題視されて、米国占領下の沖縄に入れてもらえなかった。戦争中は皇軍兵士で終われば捕虜、そのうえ故郷には帰れない。この矛盾です」

——では高さんにとって祖国とは?

「朝鮮とは繋がらない。朝鮮といえば父親や長屋の人たちの姿です。良いことも悪いことも含めて丸ごとが朝鮮ですけど、祖国というと観念的になってずれていく。本来あるべきもののイメージが朝鮮ですけど、北朝鮮や韓国のイメージではずれが生じてくる……」

そして高は、親鸞に言及した。『教行信証』はその手がかりになります。親鸞はまず、この世の問題を論理で解き明かした上で、こう断じる。「これらはすべて仮である。仮とは嘘であり、罪である」と。「仮」とは言葉であり、まさに言葉で成り立つものが国家です。国民国家がまかり通る世界で国の無い辛さを経た者として、拠り所としての国家は大切です。でも同時に国家から受けた仕打ちも忘れてはいけない。植民地支配、東西冷戦、朝鮮は国家によって分断しているし、私はそこから拒絶されました。たとえば私は長らく日本を出られませんでした。世界仏教徒会議でブラジルやインドに行くのも大騒ぎでした。今も自由に出入りできません。これはまったく解決していません。「国民国家の捨て子」の目線から、国家の問題を捉え直し、「言葉を持つ存在」である人間の根っ子を見つめることが必要だと思いますよ。ここには日本国家との深い傷があるわけです。未来に向けて、越えていかなくてはならない「傷」です」

2 民族教育への尽きぬ思い

——朴鐘鳴

考え方を変えるっていうことは、自らの生皮を剝ぐ痛みを伴うことだと思う

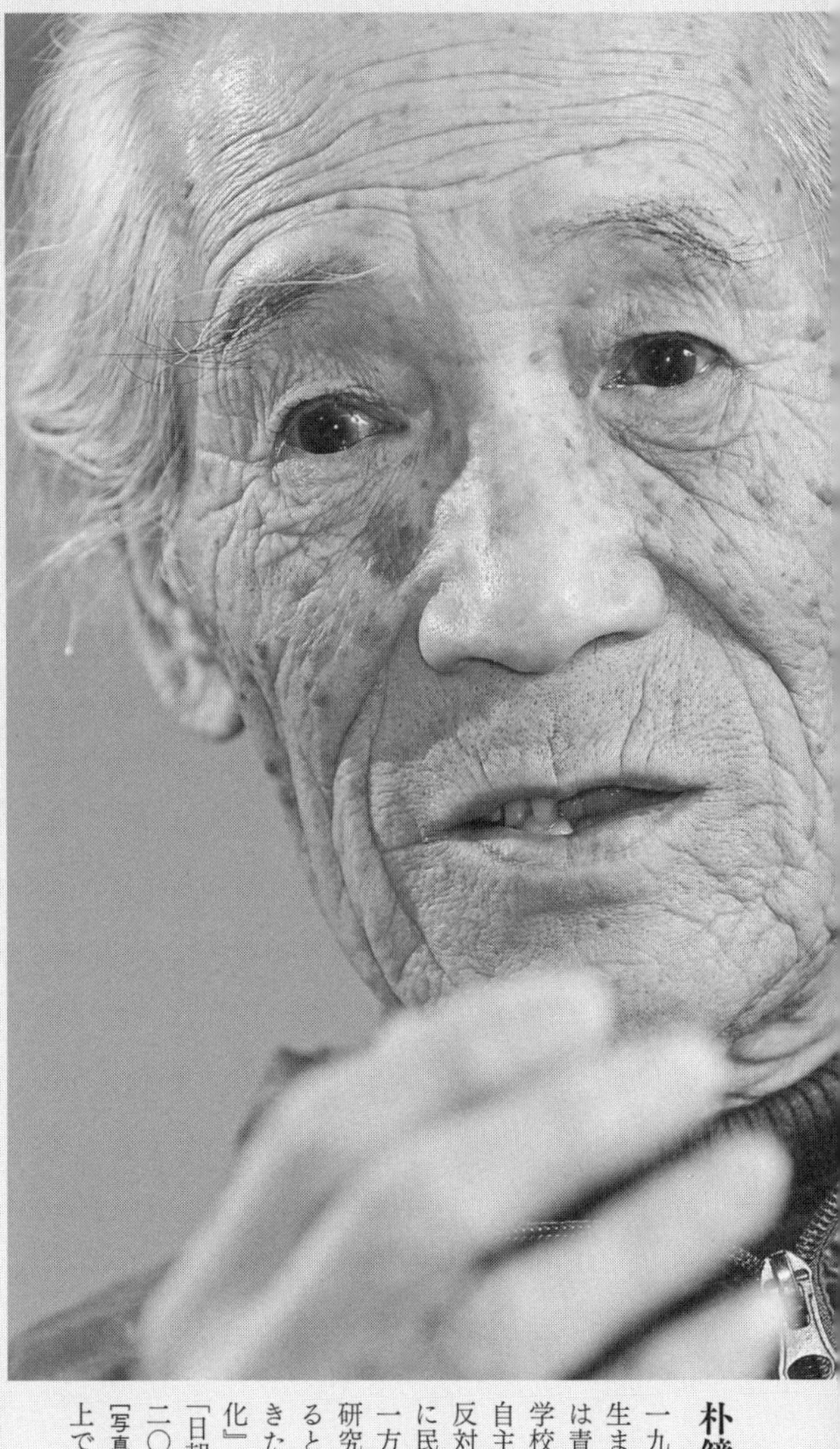

朴鐘鳴……パクチョンミョン

一九二八年、全羅南道光州市に生まれ五歳で渡日する。解放後は青年運動に参加、公立朝鮮人学校「大阪市立西今里中学」の自主学校化や、外国人学校法案反対の学識者声明作成など、主に民族教育の分野で活動する。一方で日本各地の渡来人遺跡を研究、多くの著書として形にすると共に、日朝関係史を講じてきた。『在日朝鮮人の歴史と文化』など著書多数。同志社大学「日朝関係史」講座元顧問。二〇一八年四月一六日逝去。

[写真] 同志社大学市民講座の壇上で。二〇一二年一二月七日

京阪電鉄「京橋駅」(大阪市)近くのホテルの喫茶店、定刻を少し遅れて朴鐘鳴《パクチョンミョン》は現れた。朝鮮古代史、朝日関係史が専門の歴史研究者である。在日朝鮮人の民族教育運動の生き字引的存在でもあり、韓国からの来客も多い。この日も韓国から来た、孫より若い青年たちとの語らいが弾み、つい時間の経つのを忘れてしまったのだという。かつて勤務先の学生から「仙人」と渾名された超然とした佇まい。いつものホットコーヒーを頼むと、笑みを浮かべて切り出した。「いや、韓国の若者はなかなかズケズケと物をおっしゃいます。「先生は朝鮮籍ですか。それならアカですね?」なんてお訊きなさる(笑)」。こちらも苦笑するしかない。

——何と答えたんですか?

「「私が理解している範囲ではアカでしょうね。でもアカこそ良心的なんですよ」って(笑)」。在日本朝鮮人連盟(朝連)の青年組織で運動を始め、民族学校の教師を経て、朝鮮総連や傘下の学術団体で働いてきた。経歴からすればまさに総連系人士だが、朴はその呼称をやんわりと拒む。「以前、韓国から来たお方に「先生は朝鮮総連系ですよね」って訊かれたんで言いました。「その〝総連〟を抜いてちょうだい。私は朝鮮系です」って。いや、私は今も基本的には総連支持ですよ。「民族で行こう!」と人びとを鼓舞し、勇気づけた方向は間違ってなかったと思っている。その上で私は「朝鮮系」なんです。まあどれだけ分かってもらえたか分かりませんがね」

——朝鮮籍を堅持する姿勢にも通じる?

「はい。私はまず民族ありきです。その上で民族がより良く生きるために国があり、その国を運営するための政府がある。基調は民族です。民族史の流れの中で、人として、朝鮮民族の一員として、私にとって何が一番真っ当な生き方かを考えてきたつもりです。その結果として、私は朝鮮籍なんですねぇ」

朴は謎をかけるように笑った。

ゴロツキ生活

一九二八年、朝鮮・全羅南道光州で生まれた。独立運動で官憲にマークされ、日本に逃れた父を追い、母親と兄の三人で大阪市北部にやってきた。五歳のときである。「植民地出身者」の意味を思い知らされたのは、同世代の多くと同様、学校だった。

「当時は差別意識も剝き出しです。部落の子どもに教師が平気で「おいヨッツ」なんて平気で言う。いわんや朝鮮人ですよ。もう人間扱いされない。あるとき、朝鮮人嫌いの担任が「日本人の姓は二文字が普通なのに、朝鮮人は一つでいかん」と言って、「おい、朴鐘」って。「おいチョーセン」の方がまだましです。アイデンティティを根こそぎ否定されるわけですよ。「お前がまともに扱われるとは夢にも思ってはいけない」と毎日通告されるようなもんです」。このときの悔しさが、朴の民族教育への尽きぬ思いの原点なのだろう。

小学校では成績優秀だった。「三〇〇人以上、子どもがいるわけですけど、三番とか五番とかです」。当然進学を希望した。当時は内申書と面接だったが、教師が内申書を書くのを拒んだ。「経済的に不安定で、家移りが多いとか、理由にならない理由を並べ立てて、「書いても落ちる」と」。朴より成績が下の級友が朴よりもいい学校に応募し、次々と受かった。幾度目かの不条理だった。「父は「朝鮮人は多少のことは我慢して努力するしかない」っておっしゃいましたね。差別だとかは言いません。密告の時代ですから、子どもが外で言うたらえらいことになりますから。父の配慮でした」。仕方なく通った中学校は「思い出したくもない所」だった。朴と同じ経緯なのか、少なからぬ同胞がいた。「みんなの体験を訊くと、自分の置かれてる位置が分かる。実感に広がりができるんです」。当時、子どもは地域で分団をつくり、整列や行進などの訓練をした。そこでも朴は目の敵にされた。理由は朝鮮人であること。朝鮮人である限り、同じ人間とは扱われない。どこに行ってもこの状態からは解放されない。「それで……気持ちが折れちゃったんだよね」

学校をさぼり、近くの堤防に寝転び、空を見上げて過ごし弁当を食べて帰る。そんな生活は何日も続かない。一〇日もすると、近接する天神橋筋商店街をうろつくようになった。

似たような者たちが目につくようになり行動を共にした。モギリを脅して映画館に入り、飲食店で騒いで勘定を負けさせる。「みんな金がないわけ。それでありそうな奴に因縁をつけて路地に引っ張りこんで巻き上げる。「ゴロ巻き」っていうんですけど、そんなことばかりでした」。他のグループとの喧嘩沙汰も繰り返した。

「最初に素手か得物(武器)かを決める。大抵は棍棒か飛び出しナイフ。一番怖いのは集団を代表して一対一でやるときです。集団同士だと誰かがやめて伝染していくけど、一対一だと互いのメンツでとことんまでやってしまう」。朴も一度、ナイフで渡り合った。刃物を手にして向かい合うと、背中に冷たいものが走った。「怖いですよ。体が自然に震えてくるんです。テレビや映画みたいに冷静なのは嘘ですわ」。刃物を突きだし互いを牽制していると、何かの拍子で朴が転んだ。「そしたら相手がわーっと覆いかぶさってきて、思わず突いたんだけどナイフを落としてたんです。あれがあったら殺してたかもしれません」。太腿に鋭い痛みを感じたが、気がつくと体勢を入れ替え、馬乗りになって滅茶苦茶に殴っていた。「そしたら相手が「参った」と言って終わったんですけど、見ると私のズボンが血塗れ。仲間が血止めと包帯、猿股とズボンをどこかから調達してきてね。しばらくは両親に隠すのに苦労しましたよ」

学校に行けばやはり喧嘩だった。「何かもめると必ず「鮮公」「チョーセン」「日本におるのが間違っとるんじゃ」とかね。一対一じゃなくて一対三とか、ひどいときには一対一〇とかね。当時は展望がないから「死んだっていい」と思ってやるわけ。相手が多いときは中心人物を狙い定めて、そいつが音を上げるまで徹底的にやる。それを一カ月、一カ月半と続けると、「アイツは相手にするな」「わずらわしいから構うな」となって、誰も向かってこなくなる」。いさめてくれる同胞の級友もいたが、喧嘩をしに登校する状態は改まらない。「喧嘩になれば理由がどうあれ、私が悪者です。戦時下だから配属将校がいるんですけど、私だけが問答無用、サーベルで殴られたりね。それでますます繁華街にいってアホなことをするわけです」

中二からのほぼ三年間、喧嘩と悪さに明け暮れた。「心理的には一〇年にも二〇年にも匹敵した。何も見えないし、自分でも情けない。昼間は強がっていても晩、布団に入ると体がガタガタ震えて涙が溢れてくるわけです。「俺、どうなるんだろう」って。命が死んでいた時代でした」。遠くを見つめる目に涙が浮かび、言葉に詰まった。しばし沈黙した後、語尾を伸ばす独特の口調で問いかけた。「中村さんねぇ、人間にとって何が一番怖いと思いますかぁ。人間にとって一番恐ろしいのは、私、展望がない、先が見えないことじゃないかと思うんですよ。先が見えないという状態は、恐ろしいまでに人の心をすさませてしまうんです」。差別は人をして、この世で生きる展望、自尊感情、社会への最低限の信頼感覚をも根こそぎにしてしまう。当時の朴はまさに生きる前提の崩壊した世界でもがいていた。

行状は両親の知るところとなる。「父が私に厳しく言うと、母がものすごく泣くわけです。兄貴は優等生だけど次男の私が訳の分からないことをやっている。次男がおかしいことは前から気づいている。いつも心配で胸がつぶれそうなわけですよ。それで私が立ち直れたらいいけど、先が見えないから暗闇を越えることができない」。涙があふれ、絶句する。「……とにかく私は、母を泣かせたことは今も許されないことだと思っています」。若い心に刻み付けられたのは、国を持たない民族の意味だった。「だから私は若い人に言うんですよ。『たとえ分断していても、国があるのは素晴らしい。ましてや統一すれば……。人が人としての存在を認められないのはどれほど大変なことか』」

しかし時代は動いていた。朝鮮で独立運動に関わっていた父の下には、幾人もの青年活動家が出入りしていた。「印象に残っているのは『虱《しらみ》の兄さん』です。ときどき来るといっぱい虱を置いていくの(笑)」。虱の兄さんは日本の敗戦を見据え、独立朝鮮建設に向けた結集を呼びかけていた。

ゴロツキだった朴とて「皇国臣民の義務」とは無縁ではない。戦争末期は連日、学徒動員で軍用機の製造工場に狩り出された。玉音放送はその工場で聞いた。「ラジオで聞いたけど、よく分からない。

周りもシラーッとした雰囲気だった」

すさみきっていた朴には解放を自らに引きつけて考える発想がなかったのだ。

解放

周囲は一変した。「父は町工場をぴたっとやめました。家にいても必ず何かを書いたり読んだりしてて、一段落したらすぐに出ていく。夜中の二時、三時でもです。家から一五分くらいの所に事務所があったんです。母の言づけを伝えに行くと、青年やら同胞がたくさんいて、その人たちが父に敬意をもって挨拶している。父は独立するための活動をしているらしいことは分かる。自分も何かしないといけないということが分かってくるわけです」。朝鮮人学校も産声を上げ始めた。「疎開した子どもが戻ってなかったり、空襲であちこちの家が空いていた。それを五、六部屋借りて学校を始めたんです。日本のみなさんも食べるもの、着るもの、仕事がない状況です。その中で事務所や学校つくってね。大変だったと思います。その後、一九四七年ごろには木造平屋、六教室のみですけど学校ができましたよ。一〇人くらいで一杯になる小屋をグラウンドにつくって、職員室にしてましたね」

解放後の家計は母と兄が担った。朴も手伝った。「配給だけでは生きていけない。母はコークスを集めたり、ドブロクもやりましたけど、すぐ止めましたね。子どもの教育に良くないと思ったみたいです。兄貴さんと私は米やら雑穀を買い出しに行く。三重とか滋賀の伊吹山の麓とか、遠い所では秋田の余目《あまるめ》にも行きました。そのときは兄貴さんが切符をどこからか入手してきて、朝九時の各駅停車で夜中に着く。翌朝早くから農家を回って売ってもらい、兄貴と各六〇キロ、肩が抜けそうになりながら背負ってね、帰省ラッシュみたいな超満員列車に荷物と自分を詰め込んで、持ち帰って地元で売るんです」

とりわけ兄は手先が器用で商才があったという。「敗戦後は米軍から家畜飼料のトウモロコシが流れてくる。そのままでは食べられないから粉に挽いてもらい、篩《ふる》いで漉《こ》して砂糖を混ぜる。四角い箱に仕切りを入れ、電極をつけて粉入れて、電気を入れると黄色く膨れる。カステラです。闇市に持って行くと売れてね。近所の人が「兄ちゃんは賢いな、あんたとは違うな」って(笑)。アメも作った。型を作って、香料を友人から工面して、温めて溶かし、棒を突き刺して冷やすポロンと(型から外れる)。兄貴さんはカルメラ焼きも名人でした。電池や変圧器も作りました。石鹼も作って、あれは無茶苦茶売れたな。苛性ソーダと油脂、人工香料を東大阪の方に歩いて買いに行ってね。兄貴さんは偉かった。私は単なる手伝い(笑)」

――屑鉄は?

「しなかったですね。エンジン付の車はない。リヤカーつけた自転車で一日走るのがどれほどキツイか。その割に鉄は金にならない。やはり高く売れるのは銅や真鍮ですけど、穴場を知らんと見つからない」。徒歩でも行ける範囲には、梁石日《ヤンソギル》の『夜を賭けて』の舞台となった東洋最大規模の軍事工場、大阪砲兵工廠の跡地があった。希少金属の宝庫だったが、訊けばそこは避けたという。「開高健の『日本三文オペラ』の世界です。あそこは周辺の人たちが縄張りにしてるでしょ。礼を尽くして仲間に入れてもらわないと大変なことになる。だから智恵を働かせて勝負しました」

同胞内でも生きるための闘いは厳しかったようだ。

転機

ときにはグレーゾーンに手を出しつつ、家計を支えるために働いた。それは父の活動を支えることでもあった。真面目になったかと思いきや、朴はまだ「ゴロツキ生活」とは決別できずにいた。転機は一九四六年の初頭だった。「「そろそろ足洗わな」と思いつつ、豆腐の決意みたいな日々だった頃です。事務所に出入りしていた青年に出会ったんです。その出会いがなければ、ひとかどのヤクザになってたんじゃないかと思います。青年は父を慕っていたから、見るに見かねたんでしょう。ある日、呼び出されましてね。父に敬意を持ってくれてる人だと思うから、とりあえずついていったんです」

青年の後ろを歩いた。行き先はかつて空を見上げて時間を潰した淀川河川敷の堤防である。「ゴロツキ」生活の出発点だった。切り立った斜面を登り、川の側に降りると、青年はいきなり朴を一喝した。「このバカが。お前のお父さんは必死になって運動しているのにお前は何だ！　バカモノが、目を覚ませ！」。内心では分かっていることを叱責されては素直になれない。朴も収まりがつかなくなった。「何で指図するんや！　偉そうに言われるいわれはない。俺は俺や」「尊敬する人の息子がこれでは見てられない」「やから何やねん」。朴は殴りかかったが、返り討ちにあった。何度も起き上がり向かっていくが、そのたびに地面を舐めた。「やられました。とことん抗うつもりだったんですけど、どんだけかかっていってもダメ。二つや三つ上なら負けない自信があったけど、コテンパンにのされちゃった」

血だらけの顔で空を見ながら喘いでいると、青年は朴の後ろ襟をつかみ、仰向けの姿勢のまま朴を斜面に引きずり上げ、隣に並んで腰掛け、「このバカ、しっかり聞け」。青年は語り始めた。「父のやっていることをていねいに説明して「なのにオマエは」「しっかりしろよ」って。その青年、父への敬意を深く込めて、言ってくれるもんだから胸に染みるよね……父のやってることは胸に染みるよね。薄々分かってるわけだから胸に応えるよね……これを契機に変わらなあかんと思うよね……」

そして青年は続けた。「お前はまともに勉強せんから分からんやろう。歪んだ教育を受けてるから朝鮮民族は劣等民族だと思ってるかもしれんけど、ほんとは違う」。青年は、古朝鮮の建国神話に登場する王、檀君《だんくん》や、秀吉の軍隊と闘った李舜臣《イスンシン》ら民族史上に語られる人物の名を並べ、その業績を語った。「潜水艦や金属活版だって朝鮮人が初めてつくった。天文観測を初めてやったのも朝鮮人だ」。カタカナの「チョーセン」ではない「朝鮮」との出会いだった。

「自分で勉強するようになったら半分以上は嘘やった(笑)。ようあんな嘘ばっかり教えたなと思った。でも半分は真実だったんですよ」。朴は「真実」と言った。青年がすさんだ朴に伝えたかったのは、書物を紐解けば得られる「事実」よりはむしろ、「真実」だったのではないか。人間は平等であり、誰もがやり直すことができるという「真実」――。

「帰宅したら父にも「この機会だから」って懇々と諭されましてね。それで決心したんです。よし俺はもう一度、一からやり直そうと。よし、小学校のときにあれだけできたんだから、今だってやればできると。それで勉強しましたね。目から血が出るくらい頑張ったね」

ある日のインタビュー。大事な場所を教えてほしいと朴に請うと、案内してくれたのがまさにこの堤防だった。今では野球やラグビーができるほどに拡張され、斜面にはクローバーやオヒシバ、タン

大阪市都島区の淀川堤防にて。2015年4月22日

ポポ、キリンソウなどが生い茂る。緑の斜面の上から堤防を見渡し、朴は感慨深げに言った。「ここは私にとって「先行きのみえない絶望」を感じた場所であり、「生き直し」の契機となった場所です。今でも月に一回は散歩します」

当時は中学四年を終えれば、旧制高校の受験資格が生じた。「目から血が出るくらい勉強したから、何とか行けるんじゃないかと思って三高(後の京都大学教養部)を受験したら奇跡的に受かった。飛び上がる気持ちだった。まだまだ俺も捨てたもんじゃないと」。一九四七年のことである。

だがゴロツキ時代とは別の理由で、学校には行かなくなっていく。「そのころは若い同胞の繋がりができていて、勉強会をしたりしてたんです。民主主義とか、戦前の日本政治の問題点とか、植民地政策のこととか、開くと藁がはさまっているような質の悪い紙でしたけど、そんな紙に印刷したような本をしこたま読んでいたので雑駁な知識は詰まっていた。参加者も五人、一〇人と増えていって、せっかく三校に受かったのに、ほとんど行かなかった。青年が集まって議論して、もっと大きい集まりに出たり、下手くそな歌を歌ったり、女性たちがいたら踊りを披露したりする場ができていくわけですね。それで青年の集まりを本格的にやったほうがええんとちゃうかなという気持ちになった。父のやってることの大切さも分かってるし。そのころには父に、「こうこう訊かれてこう答えたけど、よかったんやろうか」とか、「こんなことを青年に話そうと思うけどええやろか」とか「国の状況をこんなんやというけど青年にこのまんま話してもいいやろか」とか訊いたりもしていたし、共通の目的意識を持つようになってた。もちろん厳格は厳格です。向かい合っても椅子に座って背筋をぴーんと伸ばしてましたから。それでほとんど学校に行かなくなってしまった。いうなれば決心が別の決心に変わっていったんですね」

朴は青年運動に没頭していく。朝連の青年組織「民主青年同盟」の旭都支部(大阪市旭区と都島区を所管)の中心としてオルグや集会に駆け回った。最盛期は一八〇人ものメンバーがいたという。「三・一(独立運動記念日)や八・一五は扇町公園で大会をする。当時二万人は集まりました。今、若い子に言うても「先生、嘘言うたらあきません」と言われるけど(笑)。地域の大人がトラブルを抱えてると聞けば、誰かを派遣して解決させる。結婚式があれば出向いて盛り上げ役をする。不幸があれば葬式の受付やらの手伝いもする。台風が来て同胞宅の壁が崩れたら直しに行く。毎日、何かとやることはあるし、気持ちがいいわけですよ」。東奔西走の日々からは、当時の民族運動の高揚が窺える。

一方で三校は籍だけの状態だった。しっかり通えば新制京都大学への編入もあり得たが、単位が足りなかった。先輩のつてで、左派朝鮮人運動にシンパシーを寄せていた末川博(当時は立命館大学学長)

に面談、勧めに従い立命館大を受験、合格したが、授業に出ても「返事だけしたら大阪に戻り活動する」毎日、京都の大学に通うのは無理があった。結局、大阪にある関西大学に入り直し、やっとのことで卒業した。必死で活動をしたのは父の背中ゆえだ。「それまでアホなことばかりやってたのは同胞の間でも有名なわけです。父に恥をかかせてはいけない」。そんな思いが自らを活動により駆り立てた。

阪神教育闘争

その最中に起きたのが、日本政府とGHQによる朝鮮人学校弾圧だった。激しい抵抗運動が繰り広げられた神戸、大阪の名を冠し、「阪神教育闘争」とも語り継がれる大闘争だ。

きっかけは一九四八年一月、文部省学校教育局長名で各都道府県などに出された通達「朝鮮人設立学校の取り扱いについて」だった。その柱は朝鮮人の子どもも日本人同様に「日本の学校」(一条校)に就学させる義務があり、既存の朝鮮人学校も私立学校としての認可を受けねばならないということ。すなわち民族教育を止め、教育基本法、学校教育法に服せとの指示だった。大きな根拠は「いまだ日本国籍を有する」こと。一九四七年の外国人登録令以降の「外国人と見做しつつ、日本国籍は有する」という特異な地位が、民族教育否定の「武器」になった。「国籍」は権利を保障する支えであると同時に、一人の人間の自由を制限する「檻」にもなり得る。

こめかみを指して朴は言った。「今も思い出すとこの辺が煮えくり返ります。朝鮮人が自主教育で自分たちの子どもに民族的素養を与えると言っているが、そんな不十分な教育よりは日本の義務教育を受けるほうがよい。当然日本の学校で学ぶべきである。だから朝鮮人学校というのは存続を許すべきではない」。この通達は占領軍の指令を背景に出されたと言われるが、朴は、ＧＨＱの在日敵視は日本政府のマッチポンプだと主張する。「『朝鮮学校は過激で占領政策に反するから閉鎖しろ』との指示があったといいますが嘘八百、占領軍は在日朝鮮人について何の知識もない。朝鮮人学校とは何で、なぜできたのかも知らない。ではどこから情報を得るか。文部省、日本政府です。で政府が米軍に吹き込むわけです。『あれを日本に存続させるとソ連のスパイを養成するようなもんだ』と。日本国の意思を上手に米軍に伝え、占領軍がそれを自らの意思であるように日本政府に指示をする。それは自らの本音だから日本政府は喜び勇んでその通りにする。いろいろと言われると『占領軍の命令』という。実行した自分たちに責任はないと。責任転嫁です。今の原発とよう似てますなあ。まあ朝鮮人学校への弾圧もそういうことですね」

三月の山口、岡山を皮切りに、武装警官を動員しての朝鮮学校の強制閉鎖が続いていった。反対運動も激化する。大阪では四月下旬、大阪府庁周辺でデモが繰り返された。

朴も支部の青年活動家を引き連れてデモに参加した。「上町筋を大阪城に沿う形で南下して府庁を目指すわけです。北上してきたデモ隊とで道路は同胞だらけ。堀傍まで人でいっぱいになってね。後の資料みると四万人とかなってるのはさすがにオーバーだけど、一万人以上はいましたね。シュプレヒコールを誰かがすると、『ワーッ！』と歓声が上がる。何を言っているかは聞き取れなかったけど、あのうなりは覚えています」

朴は交渉団に混じって知事室に入ったという。四月二三日のことだ。「私の父が委員長をしていた旭都支部の専従で、ムン・テスさんという済州島出身の人が交渉団のメンバーでね、ずんぐりとしてお腹の出たおじさんです。「お前は父親に似んバカだ」なんてよく怒られましたけど、その当時には、「最近はこのバカもちいとは人間らしいことやってる」とか思ってくれてたんでしょうね。金魚のフンみたいについていったんです」

階段を上がり、知事室に入ると知事は逃げ出していた。「副知事がいるけど自分には権限がないとかなんとかかね。らちがあかんから抗議も激しくなる」。するとMPが入ってきた。「占領者風吹かせてるのがみえみえ。わざわざゆーっくりと拳銃を抜いて、朝連の交渉団に銃口を向ける。その次は天井に向けて発砲です。空砲ですけど音がすごい。ちょこっとはたじろぎますよ、そりゃ。それで臆病風を吹かせると思ってたわけですけど、お母さん方はすごかった。チョゴリをまくり上げてお腹を示してね、「ヨギ、ソアラ!(ここを撃て!)」って詰め寄っていくわけです。そしたらMPも「かなわんやっちゃ」みたいに苦笑して出ていった」

だが占領者は諦めたわけではない。日本の官憲に、デモ隊の排除を指示していた。

昼からの交渉は夕刻で一方的に打ち切られ、副知事は庁舎から姿を消した。府庁と周辺には抗議者ばかりが残された。官憲の手で交渉団は次々と庁舎外に排除され、再入庁を阻まれた。上町筋の南北には武装警官が集結し、デモ隊を挟み迫ってくる。たまらず警官に詰め寄る者が出ると、彼らは胸の高さで水平に構えた警棒を顔めがけて突き出した。シュプレヒコールと怒号が飛び交い、あちこちでもみ合いが起きた。

阿鼻叫喚の中で朝連幹部が訴えた。「子どものためにみんな静かに撤収せよ、いったん引き揚げたのち改めて交渉しよう」と。多くは府庁前を離れたが、あくまで拒む者たちもいた。当時の新聞によれば、最後の一群が解散したのは午後一〇時過ぎ。この日、デモ参加者一七九名が騒擾罪で逮捕され、負傷者は病院に運ばれただけでも一六名に達した。警官側も三〇人が怪我をしたという。

それから六八年目の二〇一五年四月二二日、当時のデモコースを朴と歩いた。大手前交差点から上町筋を南下すると、右手に大阪府庁が見えてくる。左には大阪城が見え、堀傍の緑地帯では、木々の間から降り注ぐ日差しの中で、女性がベビーカーを押し、若い男女が木陰で憩っている。六七年前を想像もできない長閑な光景を見ながら、朴は静かに、しかし憤りを込めて言った。「朝鮮人を朝鮮人として育てる権利を求めただけなのに、暴徒として鎮圧される。指導者は痛恨の思いで解散を指示したと思いますよ……」。朴が知事室に入った三日後の二六日、警察官がデモ隊に実弾を発射、一六歳の少年が殺された。

「消防車が放水するんで、集まりの中の方に女性やお年寄りを入れて、私たち青年が周囲を囲んでガードするんですけど、とてもじゃないけど立ってられない。お腹に当たると後ろに吹っ飛ぶんですよ。帰って服を脱ぐと痣だらけで、翌朝起きると体が動かなくてね」

当時の体験は今もときおり、夢に見る。「ちょっと調子の悪いときとかにね。相当うなされてるみたいで女房に起こされるんです」。朴は何度も足を止めた。当時の光景が脳裡に蘇ったのか、しばし沈黙した後、つぶやいた。「しかし、いまいましい記憶ですねぇ……」

奪われた民族性を取り戻す、換言すれば脱植民地、反レイシズムの実践として生まれた朝鮮人学校への徹底弾圧は、敗戦を経ても在日に対する差別と抑圧を続けるとの日本政府の宣言だった。この流れは、一九六八年から七二年までの外国人学校法案問題、そして今に至る朝鮮学校の高校無償化からの排除に通じる。そして、尊厳を求める朝鮮人たちの闘いを「暴動」の二文字に落とし込み、彼らの想いを塗りつぶしたのがメディアだった。「朝鮮人暴徒」「共産党の扇動」「日本の法律に従え」。占領軍の見解に依拠した見出しの数々は、出来事の「過激さ」ばかりを印象づけていく——九・一一の後、「テロ」の言葉で、ブッシュ米大統領の言う「我々の側」に身を置き、抑圧される者たちの真実を隠蔽したように。朝日新聞は二度の号外を出して「非常事態」を煽り立て、読売新聞は「朝鮮人諸君に反省を望む」との社説を掲載した。広範な反対運動でこのときの弾圧はしのいだが、翌一九四九年九月、朝連に対し団体等規正令に基づく解散命令が出され、資産は没収された。「朝、新聞を観てびっくりしました。支部事務所の目の前に警察があってね、昼過ぎには警官が来て全部没収。何も返してもらっていません」

後ろ盾を失った全国の朝鮮人学校も翌月、ほとんどが閉鎖に追い込まれた。

政治犯たちの信念

大きな挫折だった。民族組織を失った左派朝鮮人の運動は、日本共産党の方針に基づき続けられることとなる。翌一一月ごろには日本共産党中央に、朝鮮人党員を指導する民族対策部(民対)が設けられ、組織再建を模索することになる。日本共産党の内部分裂、そして朝鮮戦争の勃発と祖国防衛委員会による非公然活動……。激動のなか、一九五一年一月に結成されたのが在日朝鮮統一民主戦線(民戦)だった。その後一九五五年の総連発足まで、左派朝鮮人は日本共産党の武装闘争路線を中核で担うことになる。それは朴に複雑な思いを呼び起こす。「私、後悔はしていません。でも歴史的な目で見ればね、あまり意味のあることだったとは思えないですね、暗い時代でした」

この時期、朴はMPに逮捕された。朝鮮戦争に反対するビラの頒布が、占領政策違反に問われたのだ。取調室に通されると、大きな机の向こうに米国人係官が座っていた。向かって右手には通訳がいる。「占領政策違反を認めろ！」。居丈高にどなり上げる係官に、朴は一歩も引かなかった。「平和憲法のある日本から朝鮮に爆撃機が飛ぶのは矛盾だと言っただけ。占領政策に違反してはいない！」。押し問答が続くと、責任者は立ち上がり、唐突に部屋を出ていった。入れ替わりに入室してきたのはいかにも屈強な二人の米兵だった。「「四つんばいになれ！」と命令されるわけです。こちらも「犬じゃあるまいし！」と拒絶する。そうすると一人が私を小脇に抱えるように押さえつけてね、四つんばいの状態です」。もう一人が背後に回ると、軍靴のつま先で朴の肛門を狙って蹴りを入れ始めた。突き抜けるような激痛が走り全身が痺れた。血が流れ出すのが分かった……。

気がつくとベッドの上だった。「真っ白なベッドです。尻の傷も手当されている。横には血だらけだったはずの私の衣服が洗濯済みになっていた」。一週間もすると傷は塞がる。そうするとまた同じ係官に呼び出された。「取り調べ」ではない。「占領政策違反」の強要を呑むか否かの拷問である。拒めばまた肛門に蹴りを入れられた。「三、四回は繰り返されました」という。今でも立って講演をすると、一時間から一時間半で腸が肛門から飛び出してくる。「ものすごく痛いんですねぇ、講演終わるとトイレに入って収めんとあかんのです」。拷問だけではない。再三、言われたのは韓国への強制送還だった。「あの頃は「強制送還」が殺し文句でした。当時の韓国に戻されるのは事実上の死刑でしたから。私の周りでもある日、ふっといなくなった人がいました」。実際、それで「転向」した者もいた。

支えは「仲間」だった。「最初の孤独感は尋常じゃないです。でも仲間が夜も寝ずに支援者を集めて警察にも抗議に行くわけです。なぜ反戦ビラを撒いただけで逮捕するのだと。こういう仲間の広がりの中で俺は生き、これからも生きていくんだなと思いました」

占領当局の要求を拒み抜いた朴は軍事裁判にかけられた。地元では有名な革新系弁護士がついたが、軍事裁判で「被告」の権利など皆無に等しい。何か言えば責任者が「発言停止！」と絶叫する。判決は占領政策違反で重労働一年だった。重労働と言いながらも実際は何も課せられない、一日三〇分の運動以外はひたすら独房に閉じ込められた。これが朴に与えられた「刑罰」だった。「しょうもない体験でした。でもね、学びは多かったですよ」

むさぼるように本を読んだ。「これまであまり近づくことのなかった知的分野の本をずいぶんと読みました」。聖書、哲学書、歴史書……。初めて体系的な歴史学を学んだのは刑務所の中である。二畳半の独房から知の扉を開けたのだ。とりわけ感銘を受けたのはナチス占領期のフランスのレジスタンスたちの姿だった。「捕まれば死刑、強制収容所、家族にも難が及ぶ。その中でも自らの信念に基づいて抵抗を続ける。信念というのは、私なりに言えば、整合的な論理に支えられた強靭な自己主張です。なぜそう言えるかについて論理的な整合性を持って、それを胸中に収めるのでなく、人間が尊厳性あるものならばこうあるべきだと強くアピールする。それが信念なんだと思いましたね。私はそこまで言えるか分からないけど、その生き方に近づくくらいはできるんじゃないかと思ったんです」

刑務所の政治犯たちに見たのはまさにその「信念」だった。「運動の時間に房を観ると、番号札の上に赤い線が引いてある。政治犯の徴です」。隣の房で運動する人と言葉を交わして情報を交換する。「一日数枚支給される大きい方に使う紙をとっておいてですね、それに細かい文字でびっしりニュースを書いて、刑務所支部ニュースをつくって情報を回す。やはりね、強い意志に支えられながら、あることを実現する方法論をていねいに考えるならば、制約性はたくさんあるけど、一定部分は実現できるんだなって」

武装闘争路線への違和感

約一年後、サンフランシスコ講和条約発効に伴う「恩赦」の形で刑務所を出た。出迎えの兄と帰宅すると、待っていた母が朴を抱きしめ、手や背中を幾度もさすり、涙で声を詰まらせながら繰り返した。「無事でよかった、無事でよかった……」。永《なが》の別れをも覚悟した息子との再会だった。「母の涙は不良から足を洗って以来でした。母を泣かせたのは、あれが最後です」

すぐに運動現場に復帰した。日本共産党は武装闘争路線を具体化し、その多くで朝鮮人が最前線を担っていた。だが朴の胸中にあったのは、「日本革命」を第一義に、民族的課題を後景にした方針への疑問と違和感である。それが確信に変わる決定的事件が起こった。

一九五二年六月の「枚方事件」だ。黄檗《おうばく》(宇治市)の火薬庫と大阪砲兵工廠の中間に位置する枚方市は、日清戦争期以降「軍需の町」として発展し、日中戦争開戦後は、砲兵工廠の分工場が稼動していた。敗戦後は大蔵省が管理していたが、朝鮮特需に便乗して同省は小松製作所への払い下げを決定、米軍向け砲弾の製造再開がもくろまれていた。そのことへの抗議行動である。

現在の枚方公園近くで反対集会が計画されたがそれは表向き。集会とその後のデモに警官の注意を集め、工場に忍び込んだ行動隊四人(うち三人が在日朝鮮人)が砲弾製造ポンプを爆破する。これがごく一部のみが知る真の目的だった。朴は計画を知らなかったと言うが、支部青年の動員を要請にきた共産党活動家に不穏な空気を読み取り、青年たちに徹底していた。「「絶対にシュプレヒコール以外はしてはいけない。よもや火炎瓶など投げてはいけない」と」

計画も杜撰の極みだった。なぜか集会とデモの前日に行動隊が工場に侵入(警察に気づかれたため前倒ししたとの説がある)。爆弾二発を仕掛けたがメーターのガラス一枚を割ったのみ、もう一発は不発だった。デモの目標にされた「社長宅」も、実際は社長宅ではなく、砲兵工廠の払い下げ合戦に関わった別人の家だった。そのデモでは参加者の誰かが火炎瓶を投げてボヤを起こし刑事事件化。計九八人が逮捕され、六五人が起訴された。

「事前の注意事項」が奏功し、朴の周囲から起訴者は出なかった。とはいえ多くの若者がその青年時代を「被告」や「囚人」として過ごしたのだ。公判記録を検証した朴は怒りを隠さない。「言わなくてもいいことまで喋り散らし、事件とは何の関係もない一〇代の少年、少女まで逮捕させるような供述をした人物もいた。そんな馬鹿がほとんどだった」

枚方事件と同じ日には、朝鮮戦争反対を掲げる日本人、朝鮮人の共産党員、学生らが武器の集積地だった旧国鉄吹田操車場をデモ行進、警官隊と衝突し、三〇〇〇人以上が逮捕、一一一人が騒擾罪などで起訴された「吹田事件」も起きている。これも枚方のポンプ爆破の陽動作戦だったとの説もある。

「兄様がデモに参加していたので一度、訊きましたけど、「もう言うな！　そんな話はするな！」って。動員された者にとっては思い出したくもない経験なんですよ」

この時期の「騒擾事件」で入獄した朝鮮人の中には、家族らの説得に応じて韓国籍に切り替えて出獄した者もいた。韓国への強制送還を免れるための「転向」だった。

当時の組織活動家としては珍しく、朴は最後まで共産党員にならず、党とは距離をとり続けた。

「戦中から今に至るまで、政策的に一貫している政党は共産党だと思いますよ」。そう前置きした上で朴は言う。「でも一番危険なとこ、一番大変なとこ、一番しんどいとこは朝鮮人が担当しましたね、何か不文律みたいに。日本人は後方で指示するの。言葉は悪いけど、私たちは顔のない数に過ぎなかった。植民地時代から変わらないですね」

――植民地期からですか？

「たとえば中野重治をみてください」

中野の詩「雨の降る品川駅」のことだ。「祖国」に帰る辛や金、李に呼びかけた別れのうたは次の言葉で結ばれる。

日本プロレタリアートのうしろ盾まえ盾
さようなら
報復の歓喜に泣きわらう日まで

「中野重治ほど感性豊かでさえ、詩の中での朝鮮人党員への呼びかけは何だろうと思うのです。彼は私の中では共産党の良心の頂点です。その人ですらこれなんです」

つねに彼らは「呼びかける側」であることを疑わない。在日朝鮮人を日本の少数民族と規定し、日本の民主化こそが在日の状況を改善する道であり、それなくしては在日の力は結集できず、祖国への支援もできない。だから最優先は日本の民主革命である――それが共産党の基本方針だった。では「党員」である朝鮮人の民族教育を守る闘いは、日本人党員にどれだけの重大性を持って受け止められたのか。祖国への思いもしかり。三反闘争(反米、反吉田、反再軍備)のスローガンに「反李承晩《イスンマン》」を入れるとの主張は「民族的偏向」と批判された。日本人と朝鮮人の間には、「同じプロレタリアート」では乗り越えられない歴史的な非対称性がある。それを見つめることなく唱道される「民主革命」は、朴には虚しく響いた。

「日本の皆さんはね、端的に言えば民族なんてまるっきり分かってないですよ。日本の皆さんはありのままで民族です。もう問い直す必要すらないわけです。でも朝鮮人はそういうわけにはいかない。なんで俺は朝鮮民族なんだ。朝鮮民族って何か。その朝鮮民族が日本共産党員であるっていうのはどういうことか……日本の皆さんは違う。日本民族であるとは、を考えること自体がおかしいくらい日本民族なんです」

民族主義者を自認する朴の原点はこの時期に培われていったのだろう。朴は続ける。「私たちの青春時代は民族も国民も人民も一緒くた。よく聞くと皆民族主義者です。もちろん在日の権利擁護運動に取り組み、大きな犠牲を払った人たちは共産主義者だったから、共産主義者の人気は高かった。虱の兄さんみたいなもんです。でも私から言わせるとみんな民族主義者ですよ。何でもかんでも我が民族万歳みたいな民族主義ではない。民族的に生きよう。そのために民族が輝く国、誇らしい国にしていこう。そこにレーニンやマルクスをまぶしているだけ。形式は社会主義で内容は民族主義です」

武装闘争路線への是非は、民対派と、民族的課題の優先を主張する民族派との対立となっていく。両派の主導権争いは、DPRK直結を掲げた民族派が民対派を抑え込み、一九五五年五月、従来路線を否定しての朝鮮総連結成の形で決着していく。日本共産党はその約二カ月後、党の再統一を図った六全協で武装闘争路線を自己批判、路線転換を表明し、民対を解体した。日本人はそれで再スタートを「切れる」のかもしれないが、朝鮮人の犠牲は取り返しがつかなかった。「公式的には何も語りませんね。戦前から引き続き、一九五五年までは在日朝鮮人を党員として受け入れ、指示、命令し、ある行動をとらせ、膨大な犠牲を出した。それで方針を変えたならば誤りを深く反省し、責任をとらないといけないのですが……」

教員生活

路線転換の直前、転機が訪れる。ある会合で青年たちを前に演説をした後、じっと聞いていた年配の同胞男性がつぶやいた。「ウリマル(私たちの言葉、朝鮮語)も話せないで「指導」か？　民族運動のリーダーがそれでいいのか？」と。「ショックでしたね。日常会話はできましたけど、自分の考えを詳しく述べる段になると日本語が飛び出す。気にはしていたんですけどね」

朴は父親の親友が校長をしていた東神戸朝鮮小学校に通い、教員としての採用を頼み込んだ。「「朝鮮語もできない者がどうやって子どもを教えるのか？」って何度も門前払い。でもこちらも必死でした」。校長が根負けしたのはしばらく後のこと。「朝鮮語をしっかり学ぶこと」。これが採用条件だった。「不純極まる動機で自分の教師生活は始まったんです」。四年生の担任と言われて教室に赴くと、もう一人、担任がいた。「私はものの数じゃなかったわけです。ウリマルもうまいし、教え上手で大変優秀な女性の教師でした。もう必死で勉強しましたね。それで半年くらいで授業や指導ができるくらいにはなりました」

朴はこのころ、初代総連議長、韓徳銖《ハンドクス》に初めて会った。一国一党路線に対する不満や反発を糾合し、DPRKの威光で押し切った路線転換である。「祖国」と言われれば従うほかないが、旧民対派の中には納得しない者も多かった。「全国を宣伝に回ってたんですな。元民対派が主流の時代だから（韓の）周りには誰もいなくてね、ぽつーんと座ってるわけです。仕方ないから私が近くに行って、いくつか質問してね、ていねいに答えてくれましたよ」

組織内のねじれはその後も続いた。大阪では、旧民対派が「日月会」というサークルをつくっており、「総連府本部よりこちらの方が権威があった」という。

後に朴が大阪総連の教育部署にいたときのこと。韓が大阪に来て、朝鮮学校の運動会に出席した。当時の教育部長は旧民対派の幹部だった。「校長先生がお昼に挨拶したんですけど、数日前に共和国であった最高人民会議に触れなかったわけです。議長さんは怒りましてね、校長がなってないと、責任者である教育部長を呼びつけることになるんですけど、昼飯にでも行ってたのか捕まらない。これで余計に議長が激怒。演壇に上がってカーッと演説してね、祖国が君を信頼して就けた役職なのに君は何か！とか猛烈に批判してね。最高人民会議の内容をおおむね話した後、「運動会終了後、ただちに大阪府本部の活動家会議を招集する。これは議長命令である！」」って。

当時、鶴橋にあった総連府本部に支部の部長以上が招集された。面目を失った教育部長はそこにも出てこなかった。「私はもうえらい目にあいましたよ(笑)。議長が活動家たちに言うんです。教育部長は無責任な男で、校長を事前指導して最高人民会議のことを話すようにもせず、肝心なときにおらず、この場にもいない！って」。後は推して知るべしである。「そもそも大阪は！」と関連づけ、後は日月会の大批判だった。「「反祖国的、反総連的、反民族的である」とまでやるわけ。もう論理も何もない感情です。会場はシラーッとしてね。こんなことがあるともう路線転換反対派は窒息して、大阪も変わっちゃうわけです、ヘゲモニー争いですね。悲しいというか何というか……」。総連組織が韓徳銖ら民族派に平定されていく歴史の一断面である。

総連結成の翌年、朴は大阪へと呼び戻され、西今里中学(東成区《ひがしなり》)への赴任を命じられた。同校は、強制閉鎖後も朝鮮人たちが粘り強く運動した結果、行政当局が動いて開設された、いわば「公立民族学校」だった。「教職員の六割くらいは民対派です。要は火中の栗を拾わせたんですな。「あそこは民対派が強いから気をつけて頑張りなさい、本部も応援する」って。実際は何の支援もない(笑)」。現場からは警戒の眼で迎えられた。「年配の方が大半です。「君は議長の回し者だろう」と明確に言う人もいました。ほどなく教務主任になったんですけど、「主任の前では本音は言えない」みたいな空気もあった。議論は成り立たない。私はとにかく教員に対して「民族主義で行きたい。偏狭に凝り固まるのではなく、我が民族はどう歩んできたか、どうあるべきかを柔らかく教えましょう」と日本人の教師もいた。「私からみると、三分の二は教育委員会と考え方が合わない人、残りの三分の一は「間違って教員になった人」。前者の方々はありがたかったな。朝鮮人の民族教育は朝鮮人教師が決め、行う原則を尊重してくれた。よく決断してくれたと思います。全人格的に取り組むのが教育ですけど、アイデンティティという肝の部分を意図的にセーブしてくれるわけですから」。一方で帰国熱が高まり、「その前に祖国の言葉や文化を学ばせたい」と希望する保護者が急増、生徒数が膨れ上がっていった。生徒は一〇〇〇人を超え、校庭にプレハブを建てて授業した。

民族学校とはいえ大阪市立である。日本の行政からの介入はつねにある。意思決定にも時間がかかる。総連全盛期へと向かっていく時期、より本国志向の教育をしたいとの思いもあった。一九六一年、自主学校化の方針が総連中央から打ち出された。土地建物の使用問題、補助金の継続、日本人教師の配置換え……。かなりの負担だったことは想像するに難くない。自主学校化と同時に教壇を離れ、総連府本部の専従となったが、行政交渉の心労で何年も入退院を繰り返した。その後、在日本朝鮮人社会科学者協会大阪支部の専従となり、歴史学に取り組んだ。「教壇から学問の道への転身」。そういうと朴は言下に否定した。

「いや私、学問なんて思ったこと一度もないです。修学旅行がね、お伊勢さんとか清水寺とかに行くの。民族教育なのにこれではアカンやろと。朝鮮と関わりのあるところを回る。そのためには研究して確定しないといけない」。実践的な目的だった。近畿地方を中心に、渡来人の遺跡を訪ね歩いた。「一生研究しても研究しつくせないと思いました」。人差し指でこめかみを指して言った。「おかげで日本列島の渡来人関係の遺跡はもうほとんどここに入ってます」。古代朝鮮史研究の第一人者、井上秀雄との出会いを契機にさらに学識を深めた。その成果は『朝鮮からの移住民遺跡』『古代大阪を旅する』『奈良のなかの朝鮮』など多数の著書に結実していった。

自らの生皮を剝ぐ痛み

一九七〇年代からはいくつかの大学で教鞭も執るようになった。講義は縦軸の歴史に、必ず在日のおかれた現状をからめた。西今里中での経験だった。「人間というのは非常に悲しくて弱くて、目の前の現実はすぐ見えるのに、「なぜそうなんだろうか」という経過が分からない。たとえば朝鮮部落です。だいったい、めーっちゃくちゃ交通の便の悪くて住みにくい所のバラックです。そうすると人間は、どうしてああいうとこに住んでんだろと。経過は見えないけど今そこに住んでることはよく見える。すると目の前に見えることでつい判断をしてしまう。失業状態が非常に多いから日雇も多い。昼日中に若者たちがゴロゴロしてる姿ですね。あいつら怠け者だからあんな汚いとこに住むしかないと。これではダメですね。歴史と現在を踏まえた上で、差別が不当である根拠を理論化し、変えていこうという努力の広がりをつくる。それが大切です」

本格的に学問に取り組み出した時期は、金日成《キムイルソン》が絶対的な存在とされていく時期だった。「私はね、一九五〇年代までの歴史でみれば、朴憲永《パクホニョン》の粛清とか判断の間違いもありますが、金日成はきわめて優れた政治指導者だと思いますよ。一つは我が民族につきまとっていた事大主義に否といったことです。自主性、民族自決です。それに解放後、親日派の追放や農地改革など、言明したことを本当に数年でやりましたから。でも一九六〇年代以降、歴史を勉強する者としてはついていけない部分が出てくるんです」

一九六〇年代後半以降、ＤＰＲＫを支持していた何人もの作家や研究者が組織を離れていった。教授する立場にある朴自身もまた、元教え子から批判されたこともある。「私は率直に、そのときはこういう立場でこういう主張をし、被害を与えたことは申し訳ないと。今はこういうふうに考えている。これが是ならこれからも忌憚なく話し合おうと言います。やはり慚愧の念を示して謝罪して、許してくれるか否かを訊くぐらいはしないと」。一九六〇年代以降の変化と自分の思いとの乖離も率直に語ってきた。一方では一々自らを総括して表現する姿勢を「世渡り下手」と「諫言」する若者もいる。「でもダメなものはダメなんですよね」。組織運動に飛び込んで以来、その筋目をないがしろにし、まるで被害者かのようにふるまう者たちを幾人も見てきたからだ。

「人間には弱い部分があって、どうしても自己を正当化しようとする。特に思想は目に見えないからなおさらです。であればあるほど私は思う。考え方を変えるっていうことは、自らの生皮を剝ぐ痛みを伴うことだと思う。毎日の衣服を着替えるのとはわけが違う。よくよく決心して、変わる前の自分を冷徹に見つめるべきで、きちっと表現するべきである。私自分がそんな清冽で立派な人間ではないけど、せめて考えることはきちっと考える自分でありたい、その幅が揺らいだり膨らんだり縮んだりしてもね」

民族と祖国

母は日本で死去、父はＤＰＲＫに「帰国」した。じつは朴は朝鮮にある二つの主権国家いずれにも足を踏み入れたことがない。「今でも行く気ないですねえ。韓国は死ぬ前に一遍、先祖のお墓参りせなあかんなとは思ってますけどね」。だが朝鮮籍では難しい。

そして険しい表情で続けた。「私、北に対してはいろんな思いがある。見たら爆発してしまうんじゃないかという予感が強い。移動したり仕事を選んだり、主張したりする。人間にとって日常の在り方が完璧に近い形で保障されていればいるほど、私の中ではそれが社会主義に近い。文字としてあらわされた理念が崇高であるほど、現実との落差は私には耐えがたい」

――では祖国とは？

「私は第一に民族です。南か北か、総連か民団かとかではなくて、民族としてどうあるべきかを考えてほしいと若い人にも言ってきた。その民族がより良い在り方を生きるために国を形成する、その理念を現に運営、展開するために政府がある。たとえば大韓民国という国がある。いまだに反共が国是で、理念として表現されている部分は問題がある。実際、軍事独裁政権が続きましたが、青年たちが膨大な血潮を流し、その何万の犠牲の上に、民衆の力が、韓国を民主主義の国として基本的に定着させた。つまり韓国にいる、わが民族の相当部分の人が、韓国とはどういう国であるべきかの一点で、民衆の思いを実現できる国に押し上げていった。これが素晴らしい。今の政府は批判しますがね」

――今も朝鮮籍なのは。

「朝鮮籍か韓国籍か選択を迫られる局面があると、そこで考えるわけですね。たとえば韓日条約が発効して、協定永住権問題があって、韓国籍に変えれば永住権がもらえて安定的に在留できますと……。まあ三分の二くらい嘘ですけどね。そのとき、朝鮮半島全体の南だけの範囲での韓国を選びますか。北半分だけの共和国としてそこを選ぶかと。私が生きてきた朝鮮とは何だ？　古朝鮮から現在に至る統一体としての朝鮮。地域の統一性、言語の統一性、経済の統一性、文化の統一性。その一体としての存在。そのような存在としての朝鮮こそが朝鮮半島全体を、歴史的に表現し、高麗時代からだけをとっても一〇〇〇年近くを統一的な地域として存続してきた。その意味での朝鮮があり、私は朝鮮人として生まれ、朝鮮人として生き、朝鮮人としての自己表現のまま死んでいきたい。中身が変わる形で生きたいとは思わない」

そして机上のカップを指して続けた。「「(国籍なんて)符号みたいなもんちゃいますか」と言う学生もいましたけど、違うと思うんです。「コーヒーカップ」がこれの符号ですね。グラスをコーヒーカップとは言わない、ましてやテーブルや椅子をそうは言わない。符号が違うとは実態が違うということ。符号だけでなく実態が変わることなんです。嫌になればこういう理由でグラスに変えたと言えばいい。コーヒーカップでありたければコーヒーカップで頑張ればいいんですよ。嫌になったらコーヒーカップは具合悪い、グラスのようにスマートでないといけない。コーヒーカップを大事にしなさい言うたけど考えが変わった、「みんなゴメンな」と言えばいい。若い人は「先生かたくなに考えたらあかん」とか言いなさるがね、私は言うんです。「君らはかたくなと思うかもしれんけど、私はそれが自分の一番柔軟な生き方だと思う」と」

3 最後の『ヂンダレ』残党
——鄭仁

二流がなんで
ええかと言うとね、
支配的にならないんだよ。
権力者にならない。それは生理よ

鄭仁……チョンイン
一九三一年、大阪の旧猪飼野で生まれる。詩人、金時鐘との出会いを経て、金が立ち上げた詩誌『ヂンダレ』に参加、北園克衛らモダニズム詩人の影響を受けた作風で新風を吹き込んだ。中盤以降は編集長、発行人としても活躍し、伝説的詩誌の最盛期を招来させた。『ヂンダレ』が朝鮮総連との軋轢で立ち行かなくなった後は、金時鐘、梁石日と後継誌『カリオン』を創刊した。詩集に『感傷周波』。
【写真】大阪市東住吉区の自宅で。二〇一五年三月三一日

大阪市東住吉区にある自宅の居間で、座卓をはさんで座る。顔を上げるや否や、不意打ちのように訊かれた。

「ところでこれ、どんな題でいくの?」

「「思想としての朝鮮籍」です」と答えると、「まあ、確かに朝鮮総連の活動家でもないのに朝鮮籍は、今どき珍しいわな」と笑い、たたみ掛けるように続けた。

「でも俺は「思想」とちゃうで。要は変える理由を感じないだけやねん。日本で生まれ育ち、日本語しか使えない。日本は嫌いやけど好きや。ここだけで言えば世界的に見ても住んでる国、日本の国籍取ってるのが普通やと思うけど、違うもん。植民地支配があったからね。戦時中、朝鮮人は日本人やったわけでしょ。それが一九五二年に外国人にされた。それでまた日本に戻すのは心理的に抵抗があるよ。それに在日の国籍欄の元々は外国人登録のときの「朝鮮籍」でしょ。「韓国」は五〇年代から、法的には一九六五年の国交樹立からや。分断した一方の韓国籍に変える必要も感じないもん。今、ぼくは朝鮮籍やから韓国には入れてもらえへんらしいけど、(韓国は)「在日は自国民」と言うてんのに、おっかしいんよ。本当は日本と朝鮮(ここではDPRKのこと)と韓国、三つの国籍がほしいけどね。韓国行っても北朝鮮行っても基本的には申請、約束したとこしか行けないんだから、自由になりたいわ」

鄭仁《チョンイン》。詩人、金時鐘《キムシジョン》との出会いを契機に、在日朝鮮人文学の一つの源流である伝説的詩誌『ヂンダレ』(一九五三年二月創刊)に参加、中盤からは編集長や発行人を務めた。組織との衝突で一九五八年に廃刊を余儀なくされた後は、金時鐘、梁石日《ヤンソギル》との三人で、後続誌『カリオン』を創刊した。

『ヂンダレ』が生まれ、潰えた一九五〇年代とは、在日にとって困難な時代だった。朝鮮戦争の悲劇は南北分断を決定付け、それは在日をも規定した。日本ではサンフランシスコ講和条約発効と同時に在日朝鮮人の日本国籍は喪失させられ、外国人登録と出入国管理の二法による管理・監視、追放の対象となった。一方で主権回復後、次々と成立した戦後補償法や社会保障法のほぼすべてからは外国籍を理由に排除され、在日は日本国憲法に明記された基本的人権の埒外とされた。植民地期からのレイシズムが、国籍を軸に再編されたのである。

人間としての権利を剝ぎ取られていく在日朝鮮人たちは、日本共産党指導下での闘いに現状打開の糸口を求めた。だが「日本の革命」を最優先とする方針への不満は、民対派(日本共産党民族対策部系)と、DPRKの「海外公民」としての運動を主張する民族派との論争となって先鋭化した。この対立は、祖国の威光を背景にした民族派が民対派を押し切り、一九五五年、路線転換の形で朝鮮総連が結成され、組織内からの民対派一掃が図られていく。

昨日の「正統」が今日の「異端」として指弾される。厳しい選択を迫られた時代を文化運動の場で生きたのが鄭仁である。ときに難破しながらも「政治の季節」を航行してきた鄭はまた、今に至るまでどこの国の旅券も持たず、無国籍としての朝鮮籍を生きてきた一人でもある。その思想の故郷を訪ねようと、ゆかりの場所を案内してもらうことになった。

猪飼野の路地

タクシーで向かったのは、全国最大の在日集住地域、旧猪飼野の一角、鄭が幼少期から三〇代までを過ごした桃谷《ももだに》界隈だった。戦中の空襲を免れた古い家屋が点在する下町である。「いや、小さいときはもっと広い道かと思ってたら、結構狭いな」

降りたシャッターに埃が積もった喫茶店を指して言う。「ここはずっとツケで飲食させてもろてね。一万円ほど。今でいうたら一〇万円くらい(笑)。ぼくが払われへんの分かってんのにね。それで経営者が「子どもの家庭教師やってもらったらええ」と言うてくれてね。なくなったけどこの辺の書道教室に行っとったな……」

無秩序に伸びた路地を歩きまわる。通い詰めたという銭湯の前を通り、何度も角を曲がると視野が開けた。右手に鄭の母校「東桃谷小学校」があり、その左向かいには、かつて鄭が通った朝鮮人学校があった。その一〇〇メートルほど先には生野警察署が聳える。建物を見上げて鄭がボソッと呟く。「身元引受でよく来たよ」。戦後の混乱期、腹を空かせた七人の子どもたちを食べさせるため、遮二無二働いた母と父、それが「違法」とされ、母はときに警察に逮捕された。「父親も今の大阪駅ビルの辺りでゴザ広げたりしてたな。とにかく二人とも、特に母親はバイタリティはあったよ、担ぎ屋(闇屋)やったりね。そらぁないと生きていかれへん、メシ食えへんもん。日本の社会はそんなに少数者に優しくないよ」

近接する東成署に母を引き受けに行ったときは、警官から罵られた。「あまりに汚い言葉だから……」。具体的な文言を訊くと鄭は一瞬、言いよどんだが、当時の怒りが蘇ったのだろう、顔を紅潮

大阪市生野区、桃谷界隈を歩く。2015 年 3 月 31 日

させてつぶやいた。「……「何しに来た！　チョーセン豚！」って」。我を忘れて警官に怒鳴り散らした。殺意すら抱いたが果たす術はない。怒りに任せて呑めないウィスキーをあおるしかなかった。権力、とりわけ警察に対する生理的反発を養ったのはこの場所だった。

　大通りをはさみ、警察署と向かい合う建物は生野区役所である。「最初に外登証(外国人登録証明書)渡されたのがあそこです。俺、日本人として生まれてね、いつの間にか「あんた朝鮮人や」言われてね。納得いかんわ。確か一九四七年でしたわ。どんなんやろ思たら、ほんともうペラッペラの紙一枚や。つねに持たなアカンからここ(腰巻)に入れてるわけ、生野ではオマワリがすぐに職務質問して、「外登証みせえっ！」っていうわけよ。こいつなんで俺が朝鮮人やって分かるんやって(笑)。一度は「俺は日本人や！　持ってない！」って言い張ったんやけど、所持品を出させられたときに外登証がヒラヒラと落ちてね」

猪飼野の路地を歩く。幼少期に患った関節炎の後遺症で、鄭の右足は膝下が利かない。両脇に抱えた松葉杖をアスファルトに突き立て、左足で地面を蹴って遠心力に身を任せる。初夏である。ときに照り返す路面は、あぶくを吐き出す真っ黒な運河に見えた。幼い頃、不法占拠だった親戚のバラックの窓から見た川を思い出した。コールタールの上にゴミをまぶしたような川だった。一定のリズムで路上を進む鄭の姿は、黒い運河を二本のオールで進む小舟のようだった。

三叉路の一角に立つ民家の前で立ち止まる。「ここに電柱があったはずなんやけど……でも間違いない、ここです。玄関先に井戸があってね」。この八〇平方メートル弱の家で、鄭は幼少から二〇代中盤までを過ごした。『ヂンダレ』の拠点ともなった場所である。

「路線転換の時期でしょ。苦しかったけど、やっぱり『ヂンダレ』がぼくの一生を決定したわ。でなきゃ詩なんて書かなかった。人間関係にしても仕事にしても、そこから広がったもん。あれは功罪大きいですな(笑)」

最後の一言に捻りを加えるのも鄭流である。

源流としての貧困と差別

一九三一年、鄭は現在の大阪市生野区で生を受けた。両親は朝鮮・済州島(現・韓国)生まれ。同郷コミュニティを頼り、大阪と済州島を結んでいた直行便「君が代丸」で渡日した。鄭は七人きょうだいの一番上だった。

物心ついたときの記憶は貧困である。「転々としてましたな。それも「自分の家」じゃなくて間借り。一軒の家に三世帯くらい住んだりね、一枚の布団に三人が足突っ込んで寝るとか」。足の障害で一年遅れて入った小学校では、いじめの標的になった。民族差別よりも障害者差別である。攻撃は同級生からだけではなかった。教師たちの不公正、不公平な学級運営によって、鄭は「オマエは対等ではない」とのメッセージを感じとっていった。

「クラスの成績はマシな方なのに、級長とか委員になったことがないんですよ。明らかに自分より成績の悪いのが委員になっていく。子ども心に「なんで」とか「おかしいんちゃうの」とかね」。同じ人間とみなされない空間での生活を甘受する必要などない。鄭は次第に学校に行かなくなった。切ない抵抗である。「小学校三年くらいまでは「登校拒否」でした。延べ一〇〇日、一学期分くらいよう卒業できたと思いますわ」

再び登校し始めたのは四年生になってから。やがて本土空襲が始まった。次々と疎開していく同級生に、戦況悪化を感じとった。「下級生は集団疎開で、上級生は縁故疎開なんです。学校に残ったのは行き場のない貧乏人の子ばっかり。小学校も空き教室だらけで一クラスにまとめる。私を含めて育ちの悪いのばかりが残ってるから、遠いトイレに行くのが面倒くさくて空いてる教室で「シャー」とやるわけですよ(笑)。それで共同責任をとらされるわけ。私なんか足悪いのに問答無用で廊下に出されて、腕立て伏せやらされて竹刀でどつかれる」

つねにクールで物事と距離を置き、全体を把握する。後の編集長時代に生きてくるその感性は、この時代に培われたようだ。学校教育の本質とは「健全な国民育成」である。ましてや戦時下、人権やバリアフリーとは対極だった兵隊育成機関での生活は、鄭の心に「障害者」であることの意味を刻みつけていった。「足が悪いから運動会にも参加したことがないでしょ。小さな学校で運動場も狭いんだけど、子どもの父兄やらが二階から運動会を見ている。そこに入って、同級生が走ったりしてるのをじーっと見てたのが、なぜかものすごく鮮明な映像として残ってる。私の両親？　来たことないです。働きづめでしたから。それに遠足にも行ったことがない。要するに集団で何かをやった経験がない。いつも傍観者なんよ。それが習い性になってるみたいで、組織、集団へのある種の恐怖がある」

本人は謙遜するが、主要五科目をはじめ成績はよかったようだ。特に得意だったのは習字である。学校の一階玄関や近所の電柱には、鄭の書が貼り出された。「「うちてしやまん」とか「鬼畜米英」とか戦争標語です。皇国少年じゃなかったけど否応なくやらざるをえない」。戦争末期になるにつれ、学校で軍事訓練もした。運動会や遠足に参加しなかった鄭も参加を拒むことなどできなかった。「運動場に並べられてね。匍匐《ほふく》前進には参りました。そもそも何のための訓練なのか分からないんだから。逃げるためなんかな……」

一九四五年に小学校を卒業した。戦争末期で試験はない。学校の推薦状があれば府内の中学に入学できたが、教師が推薦状を書かないのである。父親が乗り込み、平身低頭で頼み込んだ結果、教師はしぶしぶ城東工業学校（現在の城東工科高等学校）への推薦状を書いた。だが父親とともに訪れたその実業学校も門前払いだった。「朝鮮人ということもあったと思うけど、障害ですね。当時は軍事教練があったから。要するに障害者っていうのは、あまり国家から歓迎されない。どこでもそうでしょ。建前では「人権」とか言っても、負担になるからね」。帰途、並んで歩く父親の目から涙がこぼれていたのを鄭は憶えている。

仕方なく高等小学校に入学、ほどなく母の親戚を頼って三重県の温泉町に疎開した。「そのときは先生に恵まれましたね。私の字をクラスで回してね、「字はこうやって書くんですよ」って。やっぱり褒められることもないとアカンよね。あの女性の先生にだけは今もいい印象もってるな」。日本の敗戦、朝鮮の解放はそこで迎えた。「近所の日本人のおばさんが「よかったね」って言ってくれてね。今にして思えば、解放よりも「終戦」で大阪に帰れるねっていう意味だったと思う」。八・一五の意味が違っていた。

大阪に戻ったが学校は欠席気味だった。相変わらず障害をからかわれることも多かった。松葉杖を放り出して、衣類がボロボロになるまで摑み合いの大喧嘩をしたこともある。

「家でゴロゴロしてた時分、近所にウリ・チュンドンハゴン（「私たちの中等学院」＝朝鮮人学校）ができたわけ。それでお袋が「遊んでへんでとにかく学校でも行け」と」。覗くと一〇〇人をゆうに超える生徒がいた。韓国併合の一九一〇年を起点にしても、植民地支配は三六年に及ぶ。帰郷に向けて、奪われた民族性を回復するとの切実な思いは幅広い層に分かち持たれていた。児童、生徒の年代はバラバラで、学力格差も大きかった。さすがに「想い」だけでは運営できない。一学期を終えた段階で一年次を修了、選抜で進級組を決定し、次の一、二学期分で二年次を終えて、三年次だけ三学期フルに授業をした。鄭は計二年で中学校を卒業した形となった。

この後は民族団体や運動との直接の関係は途絶えたが、「あの二年」の意味はとてつもなく大きい。「あの二年がなかったら「帰化」してたかも。同族の親和力は違う。やっぱり集団の記憶があるから、会ったばかりでもすぐに友だちになるのよ。日本の学校に行っても最後まで互いの家を行き来する友だちは一人しかできなかった。いうたら悪いけど、根深い蔑視感があると思う。同じ空間にいても、言い難い、何か膜のようなものがあるんです」

卒業後は大阪府立の高津《こうづ》高校に進学、当時行われていた生徒交流で清水谷《しみずだに》高校に転校し、サッカー部と文芸部に属した。「サッカーは選手じゃなくてヤジ将軍と予算の獲得、文芸部は、なんていうか恰好つけ(笑)」。体のことがあり、他に入れる部活動がなかったのだろう。最初の詩作経験はこの頃である。「少し小説を読んだだけ」と言うが、当時親しんだ詩人の名を聞けば、西脇順三郎や北園克衛らモダニズム詩人の名前が出てくる。「意味は分からへんねんけど、言葉と言葉の関係性が恰好よかった」

詩人、鄭仁の源流である。

就職活動

すでに朝鮮半島は東アジアにおける東西対立の最前線だった。一九四八年四月三日には、米軍主導の南朝鮮単独選挙に反対する済州島の住民らが武装蜂起した。「済州島四・三事件」である。本土から鎮圧に送り込まれた右翼や軍警が住民の大虐殺を行い、当時人口約二八万の島で、三万人以上とも言われる人びとが殺された。

猪飼野の済州島コミュニティで育った鄭は、低い声での囁きとして事件を記憶する。「家ではだれそれが山に行った(ゲリラになった)とか言ってた。街中で大声でとかじゃない、同郷の大人たちが道で遭うと、何やら声を潜めてひそひそとささやき合ってた」

その四カ月後、南側には「大韓民国」が建国され、朝鮮人民の多くが切望した「祖国実現」の思いは踏みにじられた。翌九月にはＤＰＲＫが建国され、在日の圧倒的多数は北側を支持した。そもそも植民地時代、社会運動を担ったのは軒並みコミュニストである。しかもＤＰＲＫでは土地改革や親日派の一掃が図られていく。一方の韓国では李承晩《イスンマン》が独裁基盤を固め、親日派が復権していくのである。「民心」に応える態度を採ったのは明らかに北側だった。当時高校生だった「ノンポリ」の鄭すら、ＤＰＲＫの建国に拍手したのである。

日本では同時期、朝鮮人学校閉鎖が強行された。一九四八年四月二六日、大阪府庁前を埋め尽くしたデモ隊の中には鄭もいた。覚えているのは「とにかく人がいっぱいおったことと、消防車の放水で吹っ飛ぶ人たちの姿」だ。この翌一九四九年には朝鮮人学校を統括していた在日本朝鮮人連盟（朝連）が団体等規正令で解散させられ、財産は没収される。

政治の季節の空気を吸いつつも当時、鄭の課題は「自分でメシを喰うこと」だった。高校は進学校で、鄭以外の学友は大学進学を目指したが、鄭は就職を希望した。「大学は端から無理だと思っていた」と鄭は言う。貧しかったのはもちろん、何度も学校から拒否された経験が、未来への展望を奪っていた。

だが就職活動の結果は惨憺たるものだった。罫紙に毛筆で書いた三〇通ほどの履歴書は無駄骨に終わった。本籍欄に「済州島」と記入すれば、返事すらない。本籍欄を疎開先だった「三重」にすると幾つか呼び出しがきた。一つは北浜の証券取引所である。履歴書の達筆が面接官の目を引いたようだった。最初の質問は「貴方が自分で書いたのか？」。最終面接で、一番時間が長いのは鄭だった。「ついに」と思ったが、結局音沙汰はなかった。他の面接では障害に関する質問をされ、軒並み落ちた。人生の節目、節目で、マイノリティは自身を取り巻く差別状況を痛感させられる。

「やっぱり「障害者」っていうのが自分の性格や感性の形成には大きいな。イデオロギーと違って障害は絶対的に少数者だしマイナーよ。たとえば共産主義は多数に転化する可能性をもってるけど、障害は絶対にマジョリティにはならない。虐げられたマイナーなところでずーっとやってきた人間はね、やっぱり独特の感性があるんだよ。「上昇志向」への忌避感というかね。メジャーなとこでずっとやってきた人は、上昇志向があって読みは早いし、時代の流れの一番ええとこに体を持っていったりするわけ。でも私はそんな器用なこと絶対にできひん。もっといえば生理的な嫌悪感があるねん。「下降感覚」のない上昇志向はダメだと思う。ぼくはそういう人はアカンねん。今も朝鮮籍でおることもそのあたりが関係してくるわけよ。元々全部朝鮮籍よ、それに尽きるわけよ。韓国籍にせんと入れてくれへんっていうんやったら「そうか」で行かんでええわけよ、俺の場合は、ね！」

就職活動は全敗だった。日本企業への就職が極めて困難なのは周囲の同胞も同じだったが、鄭の場合、「ならば肉体労働で」とはいかない。悶々とする鄭に母親はぴしゃりと言った。「もう働かんでえぇ！　私が目の黒いうちはお前一人くらいは食わせる」。鄭の人間に対する優しさは、この愛情に育まれたのだろう。

それでも食わねばならない。初めて収入を得たのは「ヤバイ仕事」(鄭)だった。府の職業訓練所に通い、時計の修理技術も学んだ。家庭教師もすれば、パチンコ屋のサクラもやった。しばらくして高校時代、日本人でただひとりの友人の家業だった材木屋に入り、経理を担当した。

『ヂンダレ』との出会い

「メシを喰う」毎日のなかで、同胞の友人たちと立ち上げたのが読書サークル「水曜会」だった。

「高校の同級生と民族学校の同級生で阪大に行ってた友人との四人で会うて、酒呑んだり、ワーワーやってたのが始まり。自分の堕落願望を知っているし、騒いでいるだけではとことん堕ちる。せめて読書会くらいやろうと思ってね。本読んだ後は山に行って遊んだり」

やがて「水曜会」は猪飼野界隈の若者が集う、有力な社会科学系サークルになっていく。会場は自宅だった。「うちの親はぼくの友人をすごく大事にしてくれた。どれだけ人が出入りしても大歓迎なわけ。夜中の二時、三時も普通だった(笑)」。両親は、障害のある我が子にとっては繋がりこそ財産、自分たちがいなくなったときの担保と考えていた。

後に著名人となった者も出入りしていた。動物の形態模写や、一本の映画を一人で語りつくす話芸「スクリーンのない映画館」などで知られる在日二世のボードビリアン、故マルセ太郎もその一人だった。「当時はまだ形態模写はしてなかったと思うけど、話がとにかく上手くてね。妹たちは「キンポ(マルセの民族名は金均浲《キムキュンボン》)兄さん」「キンポ兄さん面白い！」って。多分、妹らを笑わしとったんやと思うな」

その後、音信はなかったが数十年後のある日、妹が驚いた様子で電話してきた。「大きい兄ちゃん(鄭のこと)！　キンポ兄さんがテレビでサルの真似してるっ！」

鍛錬と深い思索に裏打ちされた本物の芸と、「記憶は弱者にあり」の言葉に代表される鋭い洞察と発言が「マルセ中毒」と言われる熱狂的ファンを生み、当時、彼はメディアへの露出を増やし始めていた。「それで連絡取り合って、大阪で公演があるときは行くようになった。一度、主催者の打ち上げをこっそり抜けだして、何人かでスナックに行って呑んだよ。「君が代」についての話芸とかね、もう独演会やった。面白かったなあ」

このサークルが鄭の人生を開いていく。メンバーの一人に左派活動家がいた。「ヂンダレっていう詩人の集まりがある。お前も入れよ」

一九五三年一二月、ヂンダレの設立者で、すでに詩人としてキャリアを重ねていた金時鐘を訪ねた。場所は民族学校閉鎖令で閉校していた中川朝鮮小学校の跡地である。当時は朝連の後継組織、在日朝鮮統一民主戦線(民戦)の臨時事務所だった。

鄭は振り返る。「学校の部屋に鉄のバケツが置いてあって、そこに薪をくべて火を焚いて暖をとってるわけ。青年たちが回りを囲んでてね。シジョンイ(時鐘氏)は今と一緒よ。ガーッとやってきてガシッと握手してね。「よく来てくれた！　合評会にも来いよ！」って。恰好よかったよ。ハンチング被って、杉織り模様のオーバー着てて、シュッと痩せててね。今は少し腹が出たけど(笑)。あれは女性にもてたと思うよ。彼はね、まず弁が立つやろ。筆が立つやろ。それから後でわかったけどね」、鄭は固めた右手の拳を前に突き出し、笑いながら言った。「腕も立つねん。朝鮮にいたとき、「植民地の男は喧嘩くらい強くないとつとまらない」とか学校の先生に言われたらしいわ」

現在からは想像もつかないが、当時の金時鐘は、いざとなれば実力行使も厭わぬ覚悟と準備を有していたようだ。非同人から『ヂンダレ』に寄せられた投稿にも、朝鮮人が経営する病院に乱入した暴漢を金時鐘が叩き出した場面の目撃談がある。混乱期の専従活動家には必要な要素だったのかもしれない。金の中に、自分にとっては観念でしかない「朝鮮」をみたのか、鄭は以降、金との友誼《ゆうぎ》を深めていく。「生涯、忘れられない季節」のはじまりだった。

『ヂンダレ』の同胞たち

一九五四年春、鄭仁は『ヂンダレ』六号の合評会に出た。「今にも傾きそうな長屋の二階の、茶色くなった畳がところどころめくれ上がった部屋に、人がギュウギュウ詰めでね。同人たちが互いの詩について自由に語らうわけよ」。その日の鄭を金時鐘は鮮明に覚えている。「狭い階段を片足飛《ケンケン》びで跳ね上がってきてね。祖国愛や民族、主体性といった「運動擦れ」した言葉が飛び交うなかで、モダニズム詩に馴染んでいた鄭君の発言は瑞々しかった」

とはいえ鄭仁の印象は違っていた。「みんな「真面目」なんです。あれがかなわんかった(笑)。政治的な発言とかスローガンが多いわけ。私も政治的な感覚、言い換えれば弱者に対する感受性はある。でもなんか違う。過剰な正義感が溢れるような空気はあまり好きじゃないねん。要するに「遊び」がないのよ。あれが堅苦しかった」。一方で、民族学校に通ったときに体感した安心感が鄭を繋ぎとめた。「それでも同胞っていいよ。知らん人ばかりなんやけど、同じ人間が集まってる感覚やね。日本の学校ではずっと緊張感があったもん。日本人に負けたくないというか、それがない空間やね」

「真面目」なのは当然だった。ヂンダレは、文学を求める若者たちが自発的に集った場ではなく、政治的な要請で立ち上げられた。実質は朝鮮と中国がアメリカと戦火を交えていた朝鮮戦争を背景に、民対はDPRKの正当性や正義を発信する在日文化人の獲得、育成を方針に掲げた。大元は日本共産党の方針である。武装闘争路線で大衆的支持を失った共産党は、一九五二年の選挙で全員落選の憂き目にあい、文化路線が模索されていた。

この基盤づくりを命じられた金時鐘は、およそ五〇もの文化サークルを設立した。その一つが一九五三年二月に結成された「ヂンダレ」だった。胡散臭いと思うかもしれないが、政治組織なら当たり前の党勢拡大活動である。「朝鮮詩人集団」は組織が命名、集団名の「ヂンダレ(朝鮮ツツジ)」は金時鐘によって名づけられた。

だからヂンダレは「寄せ集め」集団だった。第一号(一九五三年二月一六日)の編集後記で金時鐘は記している。「本当の意味でこの詩誌ほど新米の集まりは珍しいだろう」。設立当初から参加した七人のうち、詩作のキャリアがあったのはわずか二人だった。金は、原稿用紙の書き方や比喩、修辞を教え、でき上がった詩の推敲までを担う「先生役」だった。鄭も言う。「最初の頃の印象は、みんなシジョンイのエピゴーネンやなと。高校では文芸サークルに入ってたけど、詩なんか自分にはとてもと思ってた。でも行って聞いてみると、みんな自分と五十歩百歩なわけ(笑)。自分がいてもいいかなと」

そもそも当時、『朝鮮評論』(一九五一年創刊)などで詩を発表していた金時鐘は、『ヂンダレ』を「作品発表の場とは認識していなかった」と言う。何よりも根底には「創作が組織運動になることへの釈然としない思いがあった」。合評会には明らかに異質な空気を漂わせる者がいた。「フラクション」だ。「破片」の意味だが、この場合は組織から遣わされた活動家を指す。彼らから「政治的正しさ」を物差しに作品を批判され、二度と来なくなってしまった新来者もいたという。

詩の内容にもそれは反映されていた。匂い立つ情景描写で日常を刻んだ生活詩もあるが（三号では「生活の歌特集」を組んでいる）、初期の詩はおおむね勇ましい闘争詩が目立つ。「祖国」「人民軍士」「戦争」「万歳！」「血」などの文字が散りばめられ、行間からも三反闘争のイデオロギーが滲む。朝鮮戦争反対の実力行使だった吹田事件や枚方事件で拘束された人物からの獄中メッセージも掲載されている。

翌月に刊行された二号（一九五三年三月三一日）には、この月のスターリン死去を「星が　墜ちた」と悼む詩もある。四号ではDPRKにおける南朝鮮労働党有力者、李承燁《リスンヨプ》と林和《リムファ》の処刑を「全面的に支持する」とした、「叛徒と名のつくすべては抹殺される」との主張まで掲載されている。

参集人数は右肩上がりだった。発足時、一〇名に満たなかったサークルは、女性同人の作品特集が組まれた五号（一九五三年一二月一日）では四〇名を超えた。だが発足の動機である朝鮮戦争は四号（一九五三年九月五日）前の段階で休戦していた（この「休戦」は現在まで継続している）。それは猛々しいスローガン詩が根拠を失い、マンネリズムに陥る停滞期へと繋がっていった。結成一周年となる六号（一九五四年二月二八日）では、金時鐘が「正しい理解のために」と題した巻頭論考でこう述べている。

「祖国を意識するの余り、ことごとくの観点をここに結びつけ、平和と勝利を絶叫しなくては、その作品を結べないとでも思っている公式的な考え方、いやそう意識しようと努めたものの見方、それに加えて見知らぬ祖国がモチーフの大半であったために、ややもすると作品は概念的になりがちだし、思いきりの怒りをこめたつもりの作品でも、その叫びは空間で鳴っていたのだ」。前提を失い、闘争詩を書けなくなった者、実感のない言葉を書けなくなった者――。同人たちは悩み、模索していた。

鄭が訪れたのはまさにその六号の合評会だった。高校文芸部、水曜会と詩作の経験はあったとはいえ、早くも七号(一九五四年四月三〇日)に最初の詩を寄せている。「『恥ずかしいからペンネーム考えて』ってシジョンイに言うたら、鄭仁って彼が付けたのよ」。哲学や哲理を表す「仁」。一言居士の鄭にはぴったりだった。

一作目のタイトルは「ある丁稚の友に」。材木屋で経理をしていた時代、住み込みの少年労働者との出会いから生まれた一作だ。翌月には「パチンコ」を発表する。とはいえこの頃は、鄭のスタイルは確立していない。端的に言って分かりやすい。説明的ですらある。すでに詩人、小野十三郎の作風に感化されていた鄭仁だが、自らの創作面では途上にあった。翌八号段階では発行所が鄭の自宅になっている。当時、鄭の自宅には「水曜会」と「ヂンダレ発行所」の二つの表札がかかっていた。鄭の自宅が寄り合いの会場となり、つねに三〇、四〇人が出入りしていた。人が集まり過ぎて、階段の踊り場が抜けたこともある。

「ヂンダレ」が単なる文化サークルではないことはすぐに気づいたという。「一本も作品書かへんのに、毎回のように来ている人間がいるわけよ。目付役やね。それから合評会とか集まりが始まる前にね、シジョンイが隣の部屋で誰かとごちゃごちゃ話してるわけ」

「フラクションは何人配置している」

「今日の進め方は」

「平場からの発言者は指導しているのか」

詰められる側だった金時鐘は言う。「政治集会じゃないんだからそんなことするわけない。私自身、ウンザリだった。鄭仁君は聞こえないふりをしてくれてたと思う」

鄭は振り返る。「ああ、進め方とか指示が出てるんだな」と。そんなもんやろと思いつつも、あまり気分のええもんじゃないわね。余所でやってくれたらええのに、早くから来てね、それもぼくの家でやるねんもん(笑)。当時はやっぱり組織が強かった。今みたいにガタガタになって叩かれてると擁護したくなるけどね」

編集長としての手腕

編集長になったのは一〇号から。鄭に引き継いだ金時鐘は言う。「彼は座談の名手だった。まったく押し付けがましいところがなくて、相手の意見を尊重しながらも、自分の意見をしっかりと言う。隻脚で生きる辛さを抱えてきたからだろうけど、気が休まるところがある。当時の同人は、彼に会いたくて来ていた人間が大半だったと思う」

誌面の変化も顕著である。生活詩は初期からあったが、女性の投稿が増えた。「父のファッショ」と題し、在日社会の男尊女卑や家父長制を軽妙に指弾するエッセイもある。暮らしの場から発せられる詩は、政治主義の空疎を暴露する。幾重もの桎梏の中で生きる者たちが、本音を吐露し、書ける場でもあったのだ。「合評会でみんなが出した意見で決まるから、私のキャラクターではない」と鄭は言うが、皆の思いを引き出すことがまさに鄭の持ち味だった。広告が増えたのもこの時期だ。半分以上は鄭が自らとってきた。「買い物なら薄利多売の当店へ」「腹ごしらえはこの店で」「日本一小さい喫茶店」「本屋とは買わない人でも寄るところ」「近代化されたホルモン料理」……キャッチコピーも大半は鄭が書いた。

「ちゃんと書いてくれと鄭君に突き上げられて」(金時鐘)、『ヂンダレ』に金時鐘が力を入れた作品を投稿し始めるのもこの頃である。「「本気で書いてないように見える」と、少しほのめかしただけ」と鄭は言うが、思いは十分に伝わっていた。一五号(一九五六年五月一五日)からは梁石日(当時は梁正雄《ヤンジョンウン》)も参加、「ヂンダレ」は、在日朝鮮人詩人集団としての最盛期を迎えていく。作品レベルが向上した要素の一つとして、梁はガリ版からタイプ孔、活版へのハード面の進化を挙げた。「自分の作品が綺麗に刷り上がるのを見れば、意識が変わるのよ」。下部構造が上部構造を規定するとの意である。

とはいえ、当時、多くの在日の課題は「その日のメシ」だった。とにかく職がない。一九五四、五五年の時点で、在日朝鮮人の生活保護受給率は二割を超えていた(全体平均の約一〇倍)。一方でドブロク密造など、仕事がない故の経済活動への取り締まりは激化していく。それと並行して社会保障からの排除が進められ、五六年には朝鮮人を対象にした大幅な生活保護打ち切りが強行された。「帰国事業」に繋がる事実上の追放政策である。客観的に見れば詩など詠んでいる場合ではなかった。しかし、逆説的にも、まさにそれゆえに若者たちは詩に魅かれ、合評会に足を運んだのだ。金属加工や鋳物、ゴム製品の零細工場や、日雇いの土木作業で綿のように疲れるまで働き、仕事が終わるや我れ先に駆けつけてくる同人、非同人の若者たち。人間をして、喰って眠るだけの存在に貶めようとする毎日を強いられているからこそ、人びとは詩を欲したのだ。まさに「飢えきったものの〝最後のメシ〟」(創刊のことば)が詩だった。詩とは彼彼女らのためにある。いや、彼彼女らが紡ぐものこそが、詩なのだと思う。

合評会に参加した非同人が同誌一二号（一九五五年七月一日）に寄せた投書からも、当時の様子は窺える。定刻の午後七時を少し回って司会が開始を告げる。そのころから仕事を終えた青年たちが次々と駆けつけ、八畳間はいつの間にか満員となっている。誰かが新たに入ってくると、人びとは腰を動かし、「あと一人」を入れるスペースをつくる。

「この詩はあまりにも自分の中に閉じ込んでうたったから、いくらかの説明がつかないと分からない」「詩とはそんなに難しいものでしょうか」「我々の生活をもっと素直に見つめて素直にうたおう」「だがやはり平和は眠っていちゃ勝ち取れないいんだと私は言いたかったのだ」「イカイノは俺たちの第二の故郷なんだ、それを美しく一つのものに書けないなんてそれは間違っている」――。一刻の空白を惜しむように、次々と意見が発せられ、それが次の言葉へと繋がっていく。何人《なんぴと》をも「詩人」にする空気が、そこにはあったのだろう。

詩とは何か

鄭仁が自らのスタイルを確立したのはこの中期から後期にかけてである。

時間を喰いつめた
日曜日。
手なれた　流暢なスタイルで
未知の　喫茶店に

まぎれこんだ。
森は暮れなずんで
湿地帯は　太古のまゝ。
私は全く不意に
記憶の音色を
聞いた。
見知らぬ　小鳥が一羽。
私を
みつめている。

（「街」、一八号）

映画にインスパイアされた詩や、たまたま入った喫茶店で閃いたイメージ……。選び抜いた言葉を突拍子もない組み合わせで打ち合わせ、火花のようにイメージを喚起する。
「抽象的な考えを詩に乗せるのはね、陳腐だし、なんか嘘くさいのよ。「自分の思いなんて、みな持ってるやろ」って思う。誰でもあるもんをことさら詩にするか？　と考えてブレーキがかかる。なんか借り物みたいなのよ。言葉それ自体が誰もが持つものを借りてるわけだけどね」。合評会でも、鄭の詩には「難解」との評価がつきまとう。だが鄭は言う。「あえて言えば、書いた本人にとって読み手が自分の詩が分かるか分からないかは関係ないんや。ぼくにはむしろ「分からんでいいんじゃない」というのがある。そこで何か感じたらええねん。「分からない」は一般的な世間の論理では「それじゃあかん」ってことだけど、「分からない」をそのまま認めないのは民主的じゃないねん、大っ抵、自分の分からんもんには排他的になる。一応は認めてやりあうのよ、ぼく、ほんまええ加減やね（笑）」

加えてイデオロギー臭がない作風は、「ヂンダレ」では異質である。「そら仕方ないよ。ぼくかてみんなみたいな詩も書きたいけど書けないもん。自分に嘘はつけない。関心のないことは書けないよ」。あくまで自分の実感を通した表現への志向性は、「詩の在り方」をめぐる「足立詩人集団」との議論（一三号）でも明示されている。ちなみに鄭はこの「集団」が何者かは今も知らない。当時、面識のない者から論争を挑まれることは珍しくなかったようだ。ある意味で「ヂンダレ」の存在感を示している。

さて、その「論争」である。詩は「大衆を説得する重要な武器」と定義し、「革命的詩人（私達はつねにかくあるために努力していますが）は個人としての立場に於てのみ詩をつくるのではなく、組織者として、活動家として、つねに闘争の主人公、事件中の主人公としての立場で精密に観察し、理論武器を強化し詩を創作する様努力すべきであると云えます」と、社会主義リアリズムの定型句で迫る足立詩人集団に対して、鄭はこう反論する。

「詩は革命理論ではなく芸術である限り、作者である個人を抜きにしては考えられません」「具体的にある対象を画く場合、それを自分自身の問題として実感し、それと対決し、そしてその対象を感性の最も深い所で捉えた結果でないと本当の詩は生れて来ない」「これは社会科学的な思考とは別な詩独自のもつ思考だと思います」。そして鄭はこう言い切るのだ。「感性を素通りしたマルクス主義は、ギリギリに追いつめられた困難なときには何の役にも立たないものになるでしょう」

頬をヒク付かせる相手の姿が浮かぶようだ。その上で鄭はダメを押す。「頭脳そのものだけからは詩は生れて来ません。単なるロヂックを生み出すだけに過ぎないでしょう。私たちが現実を直視する場合、いろいろな矛盾に突当ります。労働者、農民等を力強く描きその未来に光明を与えることも重要なことに違いありませんが、現在の日本の社会的條件から私達の現実を取りまく所の矛盾やごまかしを徹底的に暴露し、それを歌い上げることの方がより強調されるべきではないでしょうか？」

詩人、細見和之が指摘するように、この議論は後の「ヂンダレ論争」の伏線だった。鄭は言う、「表現はあくまで個人からしかありえない。日本で生まれ育ったし、日本語しか話せない。祖国とかいっても観念よ。民族とかいっても自分にとっては「両親」だもん。生理的でないものを書くことはできないよ。それは少なくとも詩じゃない」

流民の記憶

組織との軋轢は、路線転換と同時進行だった。「あれからけったいな民族主義が出てきた。民族主義は大抵、排外主義やねん。仲良かった人の片方がいつの間にかいなくなったりしたけど、別に意識はしなかった。ぼくは大きな物語には関係ないと思ってたから」。とはいえ大きな物語は人を巻き込む。詩作への介入はやってきた。民戦時代の文化サークルが一九五五年を境に消えていくなかで、「ヂンダレ」は「前時代」の象徴となっていた。

芸術は政治に従属するものであり、創作は政治方針と目的にかなう形で行われるべき。これを疑わぬ者たちの介入は民戦時代からあったというが、路線転換以降、その圧力がさらに強まった。一つは「朝鮮語での詩作」だった。一二号からは「国語作品」の欄ができ、それまでほとんどなかった朝鮮語での詩が毎号掲載されるようになる。朝鮮人が朝鮮語で表現をする。これだけ見れば当然だが、主なメンバーは在日二世である。鄭仁はこれを拒否した。「それは物理的に不可能やと俺は言うたんよね。朝鮮語で書こうと思ったら発想そのものが朝鮮語でないとあかんと思うねん。言葉には歴史があるのよ。そんな一気に学んだからいうて書けるもんじゃない。散文は書けるかもしれないけど、詩は書けない。言葉には生活の垢というか歴史の垢がくっついてる。記号ではない何かがあるわけだから書けない。書けないものを強制してどないすんねんって。それは誰か書ける人間に言うてくれやって。詩は言葉の意味だけじゃないもん。意味だけやったら全然面白くないもん」

暴力と脅しで押し付けられた言葉が日本語である。とはいえそれは多くの二世にとっては母語だった。そして彼らを人間たらしめている母語(mother tongue)とは、朝鮮人を貶める言葉を多く孕んだ日本語でもある。愛憎半ばする「母語」を突きつめて、在日二世である自分の実存を紡ぎ出していく。それが鄭の創作であり、自己解放だった。

『ヂンダレ』は主体性をめぐる論争の最前線と化す。そして一五号、金時鐘の詩集『地平線』を機に「「流民の記憶」論争」が起こる。発端は同人、洪允杓《ホンユンピョ》の批評だった。彼は「在日」としての現実を見究めようとする金の姿勢を、それを素通りして「祖国」をうたう許南麒《ホナムギ》の「軽さ」との対比で評価する。しかしその上で彼は、すでに「祖国」が誕生した今、ブルジョワ的な「流民意識」は「熾烈な自己内部闘争」で一掃されるべきなのに、金の詩は流民的抒情を抱いたままで「自己変革のプロセス」がないと批判したのである。金の詩をもじって言えば、「おまえの立っている　その地点が地平だ」ではなく、「彼方にあるのが地平だ」というのだろう。「在日」をめぐる問いは内部でも先鋭化していた。鄭は一カ月後、別の詩誌に寄せた「朝鮮人が日本語で詩を書いてることについて——「ヂンダレ」創作上の問題」で反批判し、議論に介入した。長くなるが引用する。

今日に於ける在日朝鮮人の精神的状況は、日本帝国主義時代に於ける流民の記憶とははっきり異質のものである。すでに私たちの意識にかかわりなく恢復された祖国が存在している。それにもかかわらず洪允杓が最初に提起した命題は、こんご継続させなければならない。つまり理念としては祖国はもっているにもかかわらず、生理化された実体としては感知出来ない精神状況(文字通り流民的なもの)の根源をさぐり、それを克服していく過程をぬきにしては私たちの創作はあり得ない。過去の流民の記憶が、祖国を実体として受けとめ得ないのではなく、その精神的根源は、日本の状況に於ける私たちの心に巣喰っている所の日本人的情緒であり、資本主義的な感性である。私たちの幼少時代は朝鮮人である父母の影響のもとで成長した。しかし私たちの精神形成に最も重要であった時期、学生生活を通じ、その後に於ける社会生活の中で、日本人の心理を体得させられて来た。むしろ生活の必要から体得して来たのかも知れない。私たちの孤立した反抗は、私たちの精神的コンプレックスをカムフラジュする以外のなにものでもなかった。こうした状況の中で、私たちは完全に民族文化の伝統を喪失したのだ。それでもなお私たちは朝鮮人である。完全なる朝鮮民族の一員でありたいと願っている。そして日本語で詩を書いて来たし、書いている。ではその日本語に於ける私たちの詩的現実はどうだろうか？　一五号を重ねる中で、もはや生活を引き写したような、素朴な感情吐露の詩では満足し切れなくなった。にもかかわらず、私たちの詩的主題はどれほど深められたのだろうか？　反戦平和を希求し、それを詩的主題として歌って来た。それはそれなりに正しい。だが反戦平和をどのような主体的立場で歌って来たのか？　朝鮮民族の主体性を基礎として歌って来たのだろうか？　むしろ朝鮮人でもなく日本人でもない一人の善なる人間として歌って来たといった方が妥当のようだ。勿論私たちの特殊性はあるだろうが、それはあくまで特殊性であって、主体性とはおのずから異る。「在日朝鮮人の生活を単に一つの文学的素材としてしかあつかっていない……」（解放新聞六月九日付）という指摘は、私たちに内包するコスモポリタン的なものと関連して非常に重要な意味をもっている。こうした所に今日に於ける流民的なものの本質があり、ヂンダレの創作上の最も基本的な課題がある。私たちの詩の発想は全部が日本語であるし、日本語によってイメージが構築される。その上はっきりと朝鮮人であることを自覚した場合、非常に作品が書きづらくなる。これは私だけのことかも知れない。

　私たちが継承している文学は朝鮮固有の文学ではなく、日本文学であり、日本の近代詩以降の諸成果である。この日本文学の流れの中で、私たちはどのような主体的変革をなし得るだろうか？　理念的な祖国をどのように生理的な祖国にし得ようか？　（中略）それでもなお日本語で詩を書いている。むしろ現代日本文学の中に、一つの位置をしめたいとさえ思っているし、そのために努力もしている。このことはかならずしも間違っているとは思わない。（中略）私は全ての問題をこのことに依って解消しようと思っていないし、朝鮮人である主体性を日本文学の中に埋没させてしまいたいとも考えていない。むしろ完全なる主体性の恢復をこそ指向し、それなくしては、日本文学を朝鮮人の立場からの成果として受けとめることが出来なくなる。

流民の記憶を観念で乗り越えるのではなく、地べたをのたうちながら問い直し、克服していくべきとの宣言である。一方でその論旨は、突き上げてくる「朝鮮語を学ばねば」との思いに揺り動かされる。「理解するだけではなく、体得していかなければならない。このことをぬきにして本当の意味での文学的な主体性など確立されようがないし、流民的なものを一掃し得ないと思う」と。当時、ヂンダレのメンバーで小野十三郎の自宅を訪問した際にも、鄭ら同人たちは「私たちの最大の悩み」として母国語で創作ができないことを吐露している。

「ヂンダレ論争」

「政治と文学」をめぐる論争は、組織の政治主義との対立に繋がっていく。そもそも金時鐘の路線転換に対する認識は「大衆討議一つなくなされた中央のクーデター」である。いきおい言動は組織との軋轢を生み、やがてそれが公然化する。

コスモポリタン、主体性喪失……。「魂の技師」（スターリン）育成のために設立されたサークルは、いつの間にか組織からの攻撃対象になった。同人の怒りもつのる。「三人も集れば総連批判」（鄭仁）という同人たちのいら立ちは、一八号で弾ける。「一年の集約」で鄭仁は書く。「私たちは、在日と云う状況の中での人間の歪みを無視し得なくなり、勢い今まで私たちが書いて来た詩を再検討する必要にせまられた。プロパガンダの詩がもって来た常識的な設置法やイメージの常識性には、もうついていけないのだ。例えば平和を歌い、原水爆禁止を歌えばそれでいいと考え、それ自身は決して間違いではないのに、平和と云えば鳩であり、原水爆禁止と云えば、アメリカが飛び出し〔て〕来なければ詩にならないと考えるそんな種類の観念性には、がまんがならない。平和も原水爆禁止も私たちにとっては、一つのオブジェ以外の何ものでもないはずだ。連鎖反応を何行かの文字に写しかえて、それに詩の名称を与えるにしては、すでに私たちは、詩がもつ独自の世界を認識し始めている」

「ヂンダレ論争」はつねに、金時鐘の激烈な組織批判で語られる。「金時鐘という難破船」に乗り合わせたために芽吹き始めた芽を摘んでしまったと金自身、痛切な思いを語るが、私はむしろ、詩を求める同人たちの熱が、組織活動家だった金時鐘のリミッターを破壊したのだと思う。「自由になろうとする自由」(竹中労)の発露たる詩と出会ってしまった者たちのきらめきは、詩誌のそこかしこに刻み付けられている。「現実と燃焼しえないイデーだけでは詩が書けない」「亡命意識からくるノスタルジーの変形にすぎない過度の神秘化が、対象のリアリティーを失わせる」「朝鮮を主題にすると作品の質が落ちる」――。誌面に躍る言葉の数々である。「自由になろうとする自由」はクリシェを拒否する。それは「本国」に繋がることを民族的主体の確立とする発想とは相容れない。

むしろこの季節があったからこそ、金時鐘は詩人であり続けられたのではないか。金はこの号で総連の官僚主義を揶揄した詩「大阪総連」と、組織が要請する体制賛美の詩は詩人にとっては「意識の定型化」でしかないと批判したエッセイ「盲と蛇の押問答」を発表する。注目すべきは、この過激な詩と論評を多くの同人が支持したことだ。

組織からの批判が激化した。「修正主義」「民族虚無主義」「民族反逆者」――。主には金時鐘への政治的糾弾とはいえ、それは『ヂンダレ』をも指していた。同人は次々と離れ、一九五八年八月、総連の機関誌『朝鮮民報』に大々的な金時鐘批判が出た。直後には在日朝鮮文学会中央常任委員会(委員長、許南麒)が開かれる。金時鐘の名前を出して、糾弾する会だった。一九号から二〇号刊行までには一年かかった。「それまでは一号作ったら、三〇%くらいは次のストックができたけどね、作品が集まらなかった」。それでも金、鄭、梁の三人は戦闘的だった。「シジョンイとソギル(梁石日)と私と三人で「反論書かせろ」って言うたけど、「お前らみたいな社民主義者に書かせるわけにはいかん」とか言われて撥ねつけられてね」

そしてついにDPRKが動いた。「祖国からの批判」に鄭が編集後記で言及した二〇号で『ヂンダレ』は潰えた。書く場を失った同人たちの多くは文学を諦め、雲散霧消した。後に環状線に飛び込んだ者や行方知れずになった者、組織に金時鐘の批判文を提出、朝鮮語で詩作をし、後にDPRKに「帰国」した者もいた。

『カリオン』のたたかい

三人だけが残った。ときおり東京に連れ立ち、日本共産党に属していた現代詩人たちと交流した。梁は述懐する。「黒田喜夫とか関根弘とか『列島』派の詩人たちですよ。やはり党からの方針に反発する彼らの在り方は本当に参考になったし、自分たちを投影できた」

約一年後、三人で後続誌『カリオン』を刊行した。『ヂンダレ』で終わんのは悔しかった。「なんで文学やめなあかんねん、批判されてもやったらええ、何も関係ない」っていうのがあった」と鄭は振り返る。その意気込みは『カリオン』の「創刊にさいして」に現れている。「文学の創造という課題を通じて精神形成の途上にある新しい発言等を「主体性喪失」の一言で、あたかもそれが反祖国的言動であるかのようになで斬りしてかえりみない政治主義者たちに、ぼくたちはあくまで対立する」と。

「祝帰国船出港」を表紙に刻んだ続く二号では、梁が「方法以前の抒情」と題した許南麒批判を発表した。在日詩人の草分けで、後に総連副議長となる許の詩を取り上げ、〔「作品に顕著な」〕朝鮮民族の悲哀、慟哭、憤怒の類は、許南麒一人の心情の現れではなく、彼と世代を前後する朝鮮インテリゲンチャたちの素朴な典型であり、因襲的な朝鮮歴史のカテゴリィに束縛されて脱皮することのできない郷愁にほかならない」と断じ、「アナクロニズム以外のなにものでもない」「心境の虚勢のみが鼻について仕方ない」「自己の無力さを売り物にしている」「冗長で散漫」などと、身も蓋もない筆致で批判した。『ヂンダレ』残党の怒りと反発はそれほど激しかった。鄭も言う。「「民族反逆者」なんてね、泥棒しようが何しようが民族は民族なんや。批判するにしても相手を納得させるような批判をせなアカンよ。あの言い方は許せんとおもたんや」

三号の特集は「アメリカ」。韓日交渉への反対運動が強まるなかで、その黒幕「米国」を撃つ意図である。同号では「新潟」に赴き、帰国船に乗り込む人びとの姿を描いたルポルタージュもある。総連組織のみならず、当時、絶対的な正義だったＤＰＲＫからも批判されるに至った者たちが、それでも在日朝鮮人として生きるとはどういうことなのか。誌面には苦悩が滲む。そこで鄭は韓日交渉を批判し、「真の敵はアメリカ」と指弾する論考「敵のイメージ」を発表する。組織からもＤＰＲＫからも批判され、それでもなお止まる根拠を探す痛切が漂う。この時期に書いた鄭の詩は、ある意味で「分かりやすい」

例えば
都会の　切れめに
見なれた坂道がある。
ペンペン草が生え
二条の鉄路は錆びた執念で
地上をはっている
坂道をころげ降りると
クレーンの響きも　重油の匂いもしない
むろん労働者もいない
白い港へ出る。
全くの手ぶらでこっそり一人。
恥辱にまみれた失踪にふさわしい場所。
まぼろしの港を
選ぶのは　遠い昔

母体の中で港を失っていたからだ。
（中略）
例えば
さめきらない
日本列島のさけめに　喧噪きわめる
移民の市場がある。
愛や憎しみ
秘密な友情の溢れる中で
ビニール袋の幼児の胴体は
無防備だ。
背広を着け　ネクタイを結び
快活な笑いで武装するとき
祖父と寸分たがわない若く逞しい
朝鮮人が生れる。
だがビニール袋の誰も知らない
枯れた海は
流浪のように揺れているのだ。

（「影の舞台」、二号）

『カリオン』も結局、三号で潰えてしまう。人が足らなかった。

生きる縁

「あのころのシジョンイは荒れてた」と鄭は言う。金が済州島から日本に逃れたのは在日するためではない。日本経由でDPRKに渡ろうと思ったからだ。今のスタンスからは想像できないが、当時の金にとって、DPRKは希望であり生きる縁《よすが》だった。金が組織内の不穏分子とされた決定的理由は、『金日成選集』の扉にあった白馬に跨る金日成《キムイルソン》の写真が天皇裕仁の「英姿」と瓜二つだったことを、「金日成将軍への冒瀆」と怒り、大阪総連に建議書を提出したことだという。そこまで想った祖国への「帰国」がかなわなくなったのだ。「毎日ウィスキーをコップであおってね、しまいにはラッパ呑み。暴れたりはなかったけど、ワーッと喋り出すのよ。ソギリは「オッサン、自殺するんちゃうか」って心配していたな」。鄭と梁はつねに金に寄り添っていた。

組織から『カリオン』に対する露骨な圧力はなかったという。にもかかわらず、人が集まらなかったのは、それだけ左派朝鮮人にとってDPRKと総連は生きる縁だったからだ。「やっぱり人間にとって縁は大事だと思うよ。シジョンイかって後ろ髪引かれる思いで辞めたんやで。絶対的な存在から切られるというのはそれくらい重たいことなんやと思う。人間の心の中ってのはね、批判されたからいって、ぱっと「辞めた！」とはならない。心理的には拘束されてる部分があるよ。たぶん会社でも、人間関係でも。他の君も批判されたらやっぱりおっかないんやろな。批判されたらシジョンイのいる場所には出てこられない何かがあるんだわ。やはり一種の呪縛がかかってると思うねん」

――それは何でしょうか?

「頭の中では半分はこれおかしいなと思いながら、権威に対する呪縛があるんじゃないかな。日本の社会でもあるじゃない。ちょっとおかしいなと思いつつも自分の生きる縁としてこっちの方がええ、みたいな。それとやっぱり、そういう世界におると仲間がいるじゃない。そういうとこから抜けられないというのもあるんじゃないかな。ぼくやソギルなんかは全然、「ん? なんか言うとんな」みたいな感覚やったんや。ほんまノンポリみたいなもんやったからな。応えない。だから残ったのかな。いずれにせよ、あのときの三人の密度は人には伝えにくいねん。それ以降の生き方をどっかで握って、抜きがたく差配してる」

梁も言う。「私にとっても特別な時期だった。あの場で詩、文学への思いを培った。あれがあったから、事業に失敗して、放浪した後でもまた小説を書いたんだと思う」

一方で鄭仁はその頃も、総連の傘下団体である朝鮮商工会で禄を食んでいた。『カリオン』創刊号の論考は、イルクン(専従活動家)として韓日会談反対のビラ撒きをしていた際のエピソードから書き起こされている。「政治組織としての強制力は下まで完徹していなかった。それにちょっと柔らかいとこもあったんでしょう。開き直って言うと、生きてること自体が大切なんよ。人に迷惑かけずにメシ食えてるのは大したもんです」

何人かから私が聞いたところでは、鄭が「論争」の最中にも組織活動家でいられたのはその優れた事務能力ゆえだったという。その話に水を向けると、笑みを浮かべて言った。「それは分からないけど、あの組織にはね、風呂敷を広げる人はいっぱいいるけど、畳む人がいないわけよ(笑)。ぼくは畳むのが専門やったわけ。それで重宝されたのかも」

専従活動家は結婚を契機に辞めた。喧嘩別れでも放逐されたのでもない。所帯を維持できる収入がなかった。以降、喫茶店のマスターとして三人の息子を育てあげた。一九六三年を筆頭に、二歳刻みで授かった三人はいずれも初級から高級まで朝鮮学校に通わせた。

理由は言葉である。「今も朝鮮語ができひんのはコンプレックスよ。それは朝鮮人である以上、身に着けたいもの。民族学校二年行ってるのにアカンな。ご飯食べるのに忙しくてね。やはり生まれたときから日本語しか使うてへんから。済州島の方言は何とか会話はできるけど、書くのは難しい。発音の機微が分からないから話聞いて、ぱっと書くことができひん。本来はぼくがもっと言葉でもできなアカンねんけど、できひんし、仕事があるし。家内は日本人やし、家庭内教育では難しかった」

息子三人が学校に通ったのは一九七〇年代から八〇年代にかけて。帰国前提の国民教育色が強かった時代である。「うちの長男坊が最初、ウリハッキョの小学校行って帰ってきてね、いきなりやわ。「アボジより偉い人がおる!」って(笑)。金日成のことや。いや、その当時はびっくりしたわ(笑)。でも別に不安とかはなかったね。俺は思うのよ。人はどんな教育を受けてもその人の資質みたいなものがあると思う。たとえば皇民化教育をなんぼ受けても、そこからはみ出す人間は出る。私がそうだった。結構成績は良かったけど、修身だけはダメだった(笑)。ぼくは小学校のときに登校拒否もやってるし、今もありうるって。だいたい、学校という制度は権力に従順な国民を育てるのが基本ですよ。それが国民教育ですよ。朝鮮学校と北朝鮮のことばかりいうのはフェアちゃうよ。日本の教育だって原発事故が起きても自民党に入れる人間をつくるために一生懸命やっとるわけでしょ。同じ学校でも文学学校で詩や小説を書いて、社会の見方を変えていくのとは全然違うよ」

鄭仁は「フェア」という言葉をよく使う。アンフェアな扱いを受け続けてきた彼にとって、現状を食い破る微力だが数少ない拠り所の一つが「フェア」だったのだろう。「身体障害者として生きて来てええ面もあると思うよ。健常者に比べたらフェアに人を見る人って多いと思うねん。もちろん全員が全員じゃないけど、障害のある人には「フェア」な人が多いと思うよ」

揺れ動く故郷

これまでいずれの国の旅券も持たず、「無国籍」を生きてきた鄭だが、一九八〇年代中盤以降、再入国許可証を手に、朝鮮半島の南北にある主権国家双方を訪問している。

最初はＤＰＲＫだ。一九八〇年代中ごろ、母と一緒に、新潟から万景峰号《マンギョンボン》で赴いた。帰国した弟を訪ねた。組織への操を証明するために金時鐘を批判し、帰国した同人にも会った。滞在中のホテルを訪ねてきた元同人と対面し、部屋を出て、中庭で「その後」を語らった。「このまま別れるわけにはいかない」と、新潟から金時鐘に「生活の心配のないところで創作に邁進したい」と一筆認めて帰国した彼だが、文学はもう止めていた。

韓国は金大中《キムデジュン》政権時代と盧武鉉《ノムヒョン》時代に二度、初回は済州島を訪ねた。「金大中になってね、シジョンイたちとね、みんなが行ってるけど俺だけ行ってないから「一緒に行こや」って言われてね。領事におうて渡航証明書が出てね。百聞は一見にしかずやったね。何より食べ物が合うでしょ。よかったよ。二回目は済州島からソウルに行ってね。空港ではぼくが一番時間かかったな。インチョン空港では「渡航証明書かいな」って言われて。(DPRKに入るため)中国に行けば「こんなん旅券と違う」とか言われてね。でも故郷はというと猪飼野かな。そこで生まれて育って、日本語しか話せないもの。まあ父、母の故郷は済州島で、私の戸籍も済州島だけどね。まあそういう意味では故郷は済州島になるし、微妙やけど。二度しか行ってないもん。それから朝鮮籍者は、よっぽどの者じゃない限り入れてくれないもん。南北で計五回行ったけど、所詮旅行よ、旅行」

今も故郷は揺れ続ける。幾度目かのインタビューで喫茶店の椅子に座るなり鄭は言った。「こないだ「故郷は？」って聞かれて「猪飼野」って即答したけど、どうなんやろな、故郷は……微妙やな」

——では鄭さんにとって祖国とは？

「やっぱり一応は統一した祖国やろうなあ。なんせストレートにいえば、今の北朝鮮の政権にも、朴槿恵《パククネ》の政権にも俺、帰属感ないもん。でも出自は朝鮮人や、これは間違いない。そういう出自に対する愛はあるよ。あるけど、国家権力に対する帰属感はない。あえていえば自分自身に帰属してるとしかいいようがないよ。朝鮮籍なのもそこ」

カリオン後、生活に追われて詩作からは遠のいていたが、ときには求められて書いた。一九八一年一二月、書き続けてきた詩が『感傷周波』として結実した。前年にはやはり文学から離れていた梁石日が詩集『夢魔の彼方へ』を刊行した。そもそも『カリオン』最終号には三人の詩集広告が出ていたが、組織との軋轢で出版社が逃げ出したのだ。踏み拉《しだ》かれたヂンダレが、一九年近い歳月を経て花を咲かせたのである。金時鐘が後書きを寄せた。「これでやっと〝ヂンダレ残党〟といわれた最後の三人が出そろった。誇張ではなく、よくぞ生きのびた二十有余年であった」。出会いから論争までを振り返った後、金は鄭をこう評した。「承知で負ける側につける男」と。

自宅の居間、座卓の向かい側の鄭に持参した『感傷周波』を見せると感慨深げな表情で言った。

「いや、負ける側につくというより、少数こそが正しいっていう思い込みがぼくはある。言い方変えると文学にしても二流がええんよ。トルストイとか一度読破したろと思ったけどダメ。いつも同じところで止まってしまう。そもそも『戦争と平和』なんて登場人物が多すぎる(笑)。それは「下降感覚」とも繋がるねん。理屈じゃなくて、退廃や底辺に魅かれる。だから坂口安吾の『堕落論』なんて、読んでもいないうちから「これはええ本やっ！　間違いない」って(笑)。二流がなんでええかと言うとね、支配的にならないいんだよ。権力者にならない。それは生理よ。やはりそうそう、朝鮮籍でいるのもその辺があると思う」

──なぜ退廃や底辺に魅かれるのでしょうか？

「なんだろね、でもぼくはね、それが人間の元々の営みじゃないかと思うねん。世界をみるとね、不条理な死がたくさんあるじゃない。貧しい国で飢えて死んだり、内戦や紛争でも。今回の津波でもたくさん亡くなったけど、その不条理な死に乗っかって自分は生活してるっていう意識が強いねん。市民運動も何もしてないけどね。だから私、健康やったら世界をゴーッと廻りたいと思うねん。でもできんことやから想像するだけやけどね」

机上には息子夫婦や孫たちの写真が飾ってある。息子は全員、韓国籍に切り替えた。「私に反対されると思ってたみたいやけど、大人の判断なんやから。仕事上も不便やもんね。国籍は日本じゃなくて所属している国の国籍法でしょ。北も南も在日は自国民といってるんだから、ぼくも潜在的には二重国籍ちゃうのと思うけど……。まあ日本はとにかく北朝鮮と国交正常化するべき。行き来ができひんのは異常よ。植民地支配した国でされた国と国交ないのなんて日本くらいでしょ？　北朝鮮の「善し悪し」はその先の話やと思う。まず国交もってから意見せなあかんよ」

現在は実現の見通しもつかないが、ＤＰＲＫとの国交が正常化すれば、朝鮮籍は実在する国の国籍へと変更されることになるだろう。そのとき、鄭仁はどうするのか？

「そのときは韓国籍とるやろね。戸籍は済州島にあるし、消極的な選択としてそうなるやろうね。だって北には繋がりがないもの。弟がいるけど、行ってから戸籍つくったわけで身よりもない。帰国事業のとき、散々誘われたけど行かんかったのはそこ。居場所がないもの。どちらかと言われたらおそらく韓国籍になるやろね。ぼくはそこであえて無国籍を選ぶ理論的根拠がないもの。ぼくはそれほど強くないよ」

4 子どもたちに民族の心を
——朴正恵

人間は出会いによって
変わることができる。
私が子どもに伝えたいのは、
そのことなんです

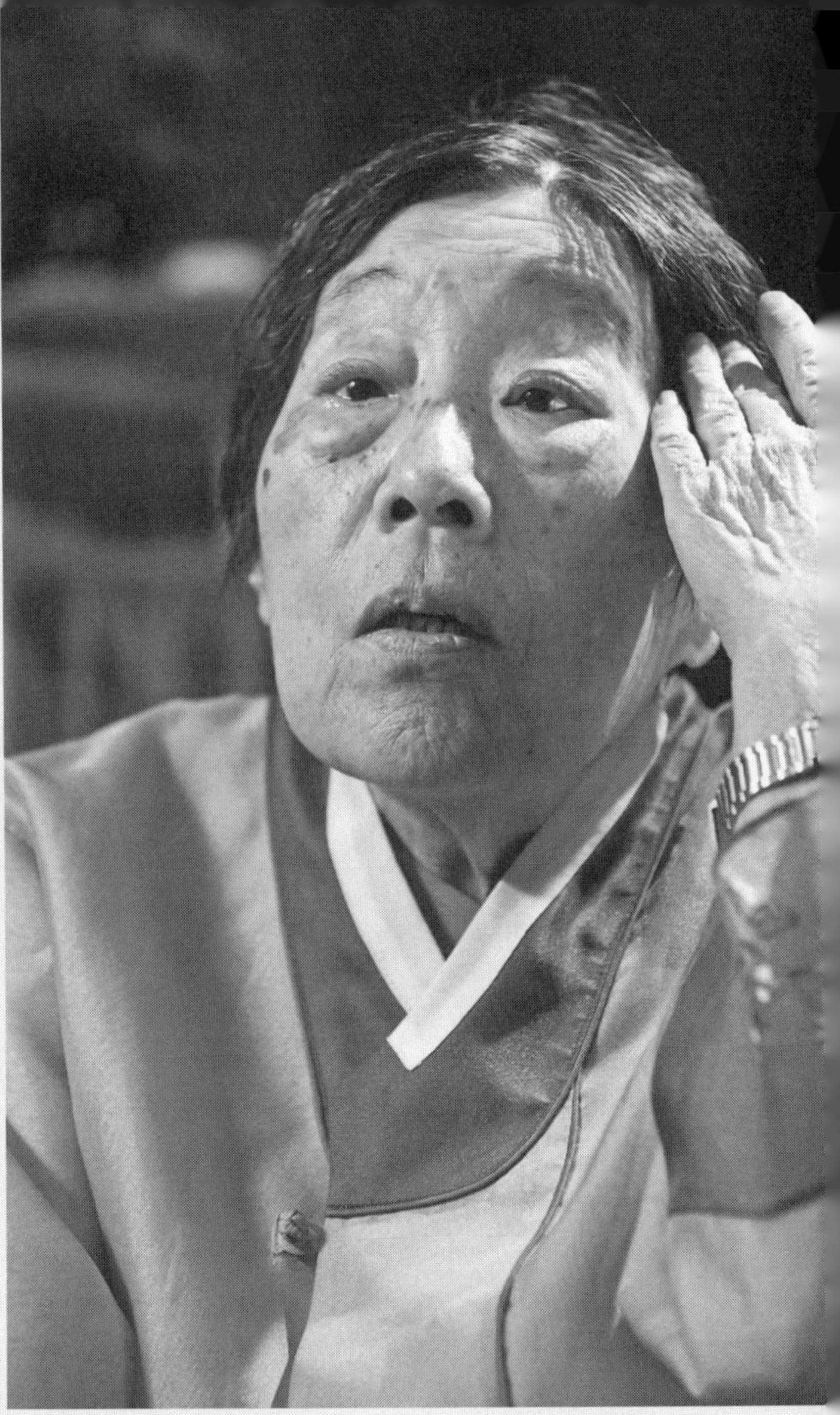

朴正恵……パクチョンヘ

一九四二年、朝鮮人の父と、日本人の母との間に日本国籍者として生まれる。朝鮮大学校時代に朝鮮籍取得を決意、日本国籍を放棄する。朝鮮学校の教師を六年した後、一九七二年に民族講師となり、二〇〇八年の定年まで民族学級で子どもに民族のマウム（心）を伝え続けた。民族講師の処遇改善にも尽力し、現在も大阪市民族講師会の相談役を務める講師たちの拠り所。著書に『この子らに民族の心を』。

［写真］大阪市生野区の自宅で。二〇一五年一二月二二日

朴正恵《パクチョンヘ》。朝鮮にルーツを持ち、日本の公立学校に通う子どもが、課外で朝鮮の言葉や文化を学び、自尊感情を育む場「民族学級」で三六年、教壇に立ち続けた。定年退職後も大阪市民族講師会の相談役を務める、民族講師たちの精神的支柱である。

大阪市生野区の自宅、五年越しのインタビューを終えてレコーダーを止めた。取材道具一式を鞄に収めて顔を上げると、これまで見たことがないリラックスした表情の朴がいた。「こんなに率直にありのまま話すことができて幸せです。こんなこと言えないと思ってたもん……。日本籍を離脱して朝鮮籍になったことも、朝鮮大学校を出たことも、朝鮮学校で教師をしていたことも。母親が日本人だったことも。これも民族学級との出会い、子どもたちとの出会い、保護者との出会いがあったおかげ。いくつもの出会いが私の背負っていた積荷を降ろしてくれたんです。人は人との出会いで変わることができる。私が子どもたちに伝えたいのは、そのことなんです」——。

自身が振り返るように、朴は長い間、自らの来歴について積極的に口にはしてこなかった。それは本質的に「健全な日本人」を育成する日本の公立学校で、マイノリティの居場所をつくり、維持し、発展させていく闘いの中で、否応なく身につけた戦術である。

その難しさは民族学校にはないものだ。ともに「民族教育の場」ではあるが、民族学校と民族学級とでは前提が違う。総連、民団系の民族学校の場合、保護者は学校の立ち位置を知った上で、「言葉や文化、同胞の繋がりを得てほしい」と願って子を学校に送る。一方、民族学級は、教師が朝鮮ルーツの子どもを発見し、通級を勧め、保護者の了解を得るケースが大半だ。経済状況や思想信条、さらには日本で生きる上での展望など、保護者が日本の公立学校に子どもを通わせる理由は様々だ。日本で民族語や文化を学ぶなど無意味と見做す者も多いし、差別社会で民族性にこだわるなどリスクでしかないと考える者もいる。朝鮮人として自らが受けてきた差別を内面化したような者も珍しくないし、いわゆる「北朝鮮フォビア」を露わにする者も少なくない。

もし自己紹介で「朝鮮大学校出身」と言えば、それだけで保護者が通級を拒む恐れもある。ましてや朝鮮籍だ。朴は長らく、保護者らに国籍を訊かれれば「民族籍です」と答え、故郷の話題を振られれば「夫は済州島です」と応じてきた。嘘ではない。何度も会って対話を重ね、まずは自分の人となりを知ってもらうことを優先してきた。

実際、民団や韓国領事館から妨害を受け、授業が止まった時期もある。聴き取り初期、朴はこの話に触れると顔を曇らせた。再燃を恐れるゆえだ。「余計なもめごと」に時間を割かれることは、子どもが民族に触れる機会を逸することに直結する。だから自らの想像範囲を超えて流通する書籍に経歴を載せることは避けてきた。学歴と職歴を初めて公にしたのは六六歳で出版した著書『この子らに民族の心を』(二〇〇八年、新幹社)の奥付でのこと。つい数年前までは、いくつか依頼のあったライフ・ヒストリーの聴き取りも断ってきた。

とはいえ寡黙とは対極の人である。インタビューはいつも三時間、ときに四時間近くに及ぶ(その後、酒を呑みながらの二回戦になったりする)。小柄な身体に詰まった思いがほとばしり出て止まらない。こちらの思考が追いつかないくらい、勢いよくひたすら語り続けるのである。小中学生に向き合ってきたのと運動の牽引役だった影響か、いま語るべきことをすべて語り切ろうとするのだ。「私っておしゃべりやから、ハハハ」と快活に笑ったあとで、毎回、決まって不安げに訊ねる、「これって……どこか出しますの……?」。当時は媒体が決まっておらず、「今は目途なしです。無断で公表はしませんから大丈夫です」と答えると、「ああ、安心しましたわ」と安堵の表情を浮かべる。朴の姿勢が変わったのは二〇一五年来の入退院である。「『人に迷惑かけない範囲でいろんなことを残さないと』と思うようになったんです。人との出会いで学んできたことは、やっぱり人に返して伝えていきたいと思うんです。やっぱり私、子どもたちに伝えたいことがありますから」

基地の町

一九四二年、京都で生まれた。父は社会運動で複数回の投獄経験を持ち、三一書房設立者の一人でもある作家、朴元俊《パクウォンジュン》である。京都で日本人の寺井和子と出会い、二人とも実家から絶縁された上で結婚、百万遍《ひゃくまんべん》に居を構えた。両親は事実婚で、何らかの理由で認知されなかった朴は母の日本国籍を受け継いだ。幼い朴の記憶にはないが、古書店裏の自宅は、一九四五年九月の米軍上陸後、左派への弾圧が激化する南側から逃げてきた「亡命者」たちの一時滞在所となっていたという。

朴が五歳のとき、一家は朝連の指示で横須賀三笠の朝鮮人集落に移り住んだ。「海沿いにある米軍の武器倉庫だったバラックでね、海の向こうに軍艦が見えてました。七、八棟あった倉庫をベニヤで間仕切りして住んでました。板一枚ですから同居生活みたいなもん。隣が何をしてるかは丸見えで、孔空けて隣の子と付き合いしたりね」

朴は横浜に転居するまでの約七年間をそこで過ごした。幼少期の記憶は貧困と、それを助け合いで補う同胞の姿だった。「とにかく貧しかったから、みんなで海に行って貝を集めてね、冷蔵庫なんてないから炊いて乾物にしたり。部落のすぐ前に青果市場と桟橋があって、市場で手伝いしてね、競りが終わった後には、地面に落ちたり、売れ残った白菜とかキャベツとか大根とかもらって、みんなでキムチにしたりね。リンゴがいっぱい手に入ったら、みんなでジャムにしたり。市場を手伝ってスイカもらって、みんなで食べたこと覚えてますねん。それから小舟が漁に出て戻ってくるでしょ。その時間にみんなでバケツもって岸壁に行って、荷揚げしたときに落ちて散らばった魚を集めて帰ってきてみんなで料理したりね。食べられるときはみんなで食べて、食べられないときもみんな一緒、そんな生活だったのが強烈に印象に残ってます」

青果市場と桟橋の向こうには米軍基地があり、その先には米兵用住宅が並んでいた。戦勝国の拠点は、集落の朝鮮人にとっては「宝の山」だ。日が傾くと女性たちは敷地内に忍び込み、「ゴミ」を持ち帰った。重宝したのは物資運搬用の木箱である。「つぶして釘とか金具は売って、残りは家の修繕に使うんです。それで「家」を建てた人もいました」。家計を助けるため、幼い朴も青果市場を手伝い、落ちた魚を大人と一緒に拾った。横流しされた米軍物資の売買も重要な生計手段だった。「秋葉原にそれを買い取る店があったんですわ。闇市です。私も遠足みたいにナップサック背負って、その中にウィスキーやらチーズやら入れてね。オモニに「もし捕まったら、知らんおばちゃんに渡されたって言うんやで！」って念押しされて(笑)。取り締まりが厳しくなって止めたけど、仕事がないから普通じゃないことせんと食べられへんのが、子どもながら複雑でね……」

基地には「慰安所」がつきものである。朴は着飾った女性たちが米兵と連れ立って歩く光景を覚えている。「歓楽街にも「白人通り」と「黒人通り」があってね、間違えて入ったのか、黒人が血だらけで倒れてたのを覚えてます。同じ軍隊でも黒人に対する差別があった。小さいなりに感じるわけです。靴磨きをしてる子どもがいて、チューインガム噛んだ米兵が横柄な態度でドンと足載っけてね。だから私、いまもガム噛んでる人がダメですねん。汚い言葉ですけど、私ら、米兵が通り過ぎると「美奴《ミノム》がっ」とか言ってましたね」。祖国を奪い、名前や文化を踏みにじり、戦争にまで動員した日本人たちを「倭の奴ら」、すなわち倭奴《ウェノム》と呼んだことを、新たな支配者「美国《ミグク》(アメリカ)」にあてはめたのだ。

「働いてる女の人への差別もあった。キャバレーで働いてるのは貧しい地域から来ている日本人女性で、米兵相手に体を売ったりして家族を養ってるん。米兵の子どもを生んだ人も多かったけど、さげすむ目があるん。私は子どもながらにあの人たちも懸命に生きてるんだってむしろ応援してた。だってウチらの集落でも女の人、必死やったもん。パチンコの景品買いで捕まったりね。日本人でも朝鮮人でも連れ合いを悪しざまに言ったり暴力振るう男の人がいてね、この社会は女の人が尊重されないんだって思いましたよ」

地域には米兵と日本人との間に生まれた子たちもいた。基地の町の必然である。沖縄で根強いアメラジアンへの差別があるように、支配者への反発は得てして子どもへと向かう。

「ダブルの子への差別は日本人も朝鮮人もキツかった。道を通ると地元のゴンタ(悪童)たちが「あいの子」「混血」とかいって石投げたり、いじめ倒すんです。私自身がダブルじゃないですか、身がすくんだし、腹が立ってね。それに子どもたちは同じダブルの子でも、黒人との間に生まれた子どもをいじめるんです。「クロンボ」とか言って」

「美奴」への反発は強かった。とはいえ楽しい思い出もある。クリスマスには地元の子ども全員が軍艦内のパーティーに招待され、朴も何度か参加した。「子どもやからね、美味しいモンお腹いっぱい食べて好きなモン持って帰たら上機嫌になる。これうれしくてね。いや、何だかんだ言って子どもですわ(笑)」

官憲の弾圧のもとで

集落の真ん中には同胞たちの拠り所「横須賀朝鮮初等学院」があった。朝鮮人学校である。一九四九年春、朴も入学し、その際、寺井章子の名を朴正恵に変えた。だが同胞に囲まれた長閑な学校生活は半年しか続かなかった。同年一一月のある朝、何台ものトラックが授業中の学校敷地内に乗り込んできた。強制閉鎖だった。朴が覚えているのは、身体をえぐるようなサイレンの音と、体幹を揺らすエンジンの唸り、机にしがみつく大人たちを武装警官がゴボウ抜きし、学友たちが襟首を摑まれ、まるで猫や犬のように放り出されるさま、そして学校の扉や窓に次々と板が打ちつけられていく光景である。

「関東大震災での朝鮮人虐殺のイメージで見てました。もちろん警官にも良い人もいるでしょうけど、あのときの記憶があるから私、警察は本当に嫌いなんです。童謡で『犬のお巡りさん』ってあるでしょ。あれ子どもに絶対に歌わせなかったの。「お巡りさんなんてとんでもないっ、そんなん歌ったらアカン！」てね(笑)。小さいときにあんなことあったから私はね、警察に対して悪い印象が強すぎるの」

出来事を報じた『神奈川新聞』の見出しは「県下朝鮮人学校の閉鎖完了」。五日後の続報は各校への「収容」状況である。その後は「校内で放歌乱舞　横須賀市朝鮮人学童に手を焼く」「あれよあれよと茫然、授業は中止状態　朝鮮学童デモますます狂う」などの見出しがつく。これが多数派の認識だった。在日朝鮮人への弾圧は苛烈となり、朴の集落でも権力との対立は先鋭化する。父は、その先頭だった。家に帰れば盗聴器を探すのは普通の風景、父が道に穴を掘って何やら書類を埋めている姿も鮮明だという。しばしば極秘会議にも連れていかれ、会議の間は会場宅前にゴザを広げてママゴトをした。多忙を極める活動家ゆえ、少しでも一緒にいてあげたいとの親心だったのかもしれないが、朴にも「任務」はあった。官憲の動きを知らせる「見張り」である。無駄がない。

「ときには会合にも入ってたらしい。私は憶えてへんねんけどね、子ども同士でママゴトするときでも、私は「それでは会議を始めます。進行は私がします」とか言ってたらしい(笑)」。母も熱心な活動家だった。「身体に朝鮮戦争反対のビラ巻きつけてから服着て隠してね、米軍基地に撒きに行く。「ドックに行ってくる」というから分かる。「時間が経っても帰ってこなかったら写真館に行って、お母さんが帰ってこないって言いなさい」って。共産党の委員長が写真館をしてはったんですね。だからそこに行きなさいと」

「ガサ入れ」の回数も増えた。黒ずくめの警官隊が集落を包囲し、土足で家の中に上がり込んできた。幼心に感じた恐怖は察するに余りある。集落の女性たちは官憲と全力で渡り合った。「警官が迫ってくるのが見えるでしょ、そしたら「お前らなんかにやるか！」とか怒鳴って次々とマッコリの甕をひっくり返すオモニがいたり、「持ってけ！」と叫んでるオモニもいてね……」。床や壁が剝がされ、それでなくても粗末なバラックが見る間に原型を失っていく。必死で築いた生活の基盤が、伸びた雑草を刈り取るかのように壊されるのである。目的は左派勢力の情報収集、そして在日が生きる展望を壊すことにあった。

「集落にはマッコリの匂いが充満してね、家はもう柱の骨組みだけ。道には板が散乱して……怖くってね、朝鮮人は人間扱いされてないんだって思った。いまテレビの刑事ドラマで令状もって家宅捜索に入るシーンがあるでしょ。そしたら私は「ちゃんちゃらおかしいわ」って思いますねん。朝鮮人には全然あんなんちゃうかったから……」

それでも食わねばならない。人びとは繁華街の残飯を集めて豚を飼い、酒を造り、ボロ布や屑鉄を集めて金に換えた。禁制品を売買する者もいた。朴も家計を担った。「私も何かせなと思って磁石を紐で腰に結わえてあちこち歩き回ってね、吸いついてくる屑鉄を集めたんですわ。あれって高く売れるんですけどね……その背景が大きくなるにつれて分かってくるわけですよ」

鉄の高騰は朝鮮戦争の影響だった。「私が一日中かけて集めた鉄って、もしかすると同胞を殺す武器になったんですよね。自分を責めても仕方ないけど。ここらでもナット、食べる納豆じゃないですよ。ナットをようけ作ってましたもん。あれが武器になったかと思うと辛いし、腹が立つ。私らがあんなことしないと食べられない状態にして、それで日本は復興していった。その後の出会いがよかったから「日本人は！」と十把一絡げにはならなかったけど」。貧しい家庭に生まれ、苦労する親を助けて屑鉄を集めた。「懐かしい思い出」になる類の行為が、成長するにつれて自分をさいなんでいくのである。

一方、同胞たちの必死の努力で「学び」は継続された。ときには青空授業で学校を続け、行政当局と交渉した結果、朝鮮学校は横須賀市立諏訪小学校分校の位置付けで再開した。「ソンセンニム《先生》たちは献身的でした。無報酬だったから各家庭の持ち回りで食事を出してね、夕方に家庭訪問に来るのが楽しみでした」。法的位置付けは日本の公立学校である。民族科目以外は日本人教員が授業をした。「チョーセンに帰れ」と公言する日本人教師がいる一方で、「朝鮮は空や川が美しく、人情に篤い素晴らしい所だ」と説く教師もいた。

「同じ」日本人の口から発せられた「肯定」がどれほど幼い心を力づけただろう。朴が愛してやまない「コヒャンエポム(故郷の春)」を教えてくれたのも、そんな日本人教師である。教師は朝鮮の自然風景を説明しながら、歌の世界に朴を誘った。思い起こしたのは父だった。「父と話をした記憶はほとんどないけど、一度、故郷の農村地帯の話をしてくれたことがあってね。「正恵、朝鮮の空がどれだけ青いか知ってるか? 日本人はチョゴリが派手だとかいうけど、あの青い空に緑や赤や黄色がね、映えるんだよ」って」。この歌は、朴を父の故郷に連れていくと同時に、日本社会で生きていく展望を繋いだあのときの喜びをも喚起する。これが後に、日本人教師に対し民族講師たちが抱いている警戒心や反発を説き伏せ、日本人と共働で民族教育運動を進める朴の原体験になっていく。

活動家の家庭

朴は中学、高校と民族学校で学んだが、当時は教師を目指してはいなかった。「最初は看護師とか栄養士とか手に職をつけようと思っていた。自立して人に左右されない人生を送りたい、これでした」。そこには父親の存在が影響していた。筋金入りの民族活動家として知られていた父は、朴の目には家庭を一切顧みない「暴君」と映っていた。

「滅多に家にいない。どこ行ったのかも分からないし何日も帰ってこない。オモニが働きに出るから食事の支度は小学生時分から私がやるわけです。日本人のオモニが本当に努力して近所の人やらから朝鮮料理を教わってね、一生懸命つくっても、「(自分の)オモニの味はこんなんじゃない」とか平気で言う。何で「美味しくできたな」の一言もかけられないのかって。経済的にもオモニに苦労かけっぱなし。暴力は一切なかったけど、活動家ほど家庭内では封建的なんだなって。一緒に晩御飯食べて楽しかった記憶ってないんですよ。アボジは帰ってくるのが遅いけど、当時は貧乏で、温め直すこともできないから、食事に毛布を巻いて冷めないようにして待ってたんです。そんなん見てるから余計に腹が立ってね。だから私、活動家は大嫌いだったんです。そりゃ運動がないと前に進めへんけど、得てして活動家は家族を犠牲にするでしょ。結局は自分も活動家になったけど(笑)」。朴の、この世代には珍しいジェンダー感覚は、父を反面教師に形成されたのだろう。

DPRKを生きる縁とし、「民族のため」をすべての基準にした父は、日本共産党指導時代の「一国一党路線」から「祖国直結」への路線転換には順応できず、組織から批判され、失意のなか病で早逝した。朴がその存在に向き合うのはまだ先の話である。

自立を目指し、朴は推薦枠のあった日本の大学を志望していた。「でも担任がよくない人でね(笑)、朝鮮大学校の締切直前に内緒でオモニと相談したんですわ（笑）」。説得が始まった。「「私は日本人であなたに朝鮮人としてのことは何も教えてあげられなかった。大学は人間がどう生きていくかを学ぶところやから、朝鮮大学校で朝鮮人と友だちになって色んなことを学んできなさい」と言われましてね」。母は粘り強かった。「両親とも実家から勘当されて親戚との行き来がないでしょ。オモニは私のアイデンティティが不安定になることを心配してたみたい。オモニがいくら頑張っても朝鮮人の家庭で生まれ育たないと分からない習慣ってあるでしょ。たとえば横浜に住んでたとき、隣の家で法事やってドンチャンやるでしょ。翌日におすそ分けしてくれるけど、みんなネズミが齧《かじ》ってるん。「どうせならもうちょっと気をつけてほしい」とか二人で言ってたら、あれ、ネズミやなくて降りてきた先祖に食べさせるために千切らなアカンねん。私、結婚してから分かった（笑）」

結局、朝鮮大学校文学部に進学した。朝鮮文学を専攻し、読書に没頭した。「古典での朝鮮の女性像を探究しようと思った。在日の社会でも男女差別が激しいのを見てきたから、闘って自立する女性像に憧れてた。朝鮮だけじゃなくて、中国の文学もたくさん読みました」。同世代の同胞とも種々、語らった。話題はいきおい各々の来歴に至る。朴はそれまで自らの来歴をほとんど語ってこなかった。「学校とか集落の外では何となく私が「ダブル」だとは言い難くてね。友だちから学校でオモニやハルモニの話とか聞くと羨ましかった。何でアボジは日本人と結婚したんやろとか、何でオモニは朝鮮人と結婚したんやろとか思ってた。学校では父親の話ばかりしてたから「父子家庭」だと思われていたと思う。申し訳ないと思いつつ母親のことは言い難かった。それが日本人との間ではオモニの話ばかりしてね、「母子家庭」だと思われてたやろね」。当時の朴にとって、自らの出自は、アイデンティティの不安定さや、寄る辺なさでしかなかった。

思い切って喉の奥から言葉を押し出した。「私、実は母親が日本人で、日本国籍やねん」って言うてね。そしたら実は当時も日本国籍の子が四、五人もいたんですよ」。親友ができた。彼女は両親の判断に従って日本国籍を取得したものの、民族団体との出会いでルーツへの想いが芽生え、「より民族的になりたい」と願って朝鮮大学校に進学したのだった。

国籍離脱

日本国籍離脱を決意する転機が来た。日韓条約である。有償無償の経済支援と引き換えに、韓国は「対日請求権」を放棄し、国交を正常化する。米国の東アジア戦略を担う二国による「解決」は、今に至る禍根の一つの「原点」である。当事者不在の「ボス交」で、被害者がさらに傷つけられる状況は今も変わらない。二〇一五年末、「「慰安婦」問題」を巡って強行された破廉恥な二国間「談合」はまさに典型である。

一九六二年秋、前年の軍事クーデターで事実上の独裁体制を確立した朴正熙《パクチョンヒ》の片腕、金鍾泌《キムジョンピル》が、まさにその「請求権」交渉で来日するとの報に、朝鮮大学校生たちはいきり立った。朴と友人もチャーターされたバスに乗り込み、抗議に向かった。気が付くと警戒の検問所があった。「警察官が来てね、「全員、降りて外登証を提示しろ。持ってない者は連行する！」って横柄に言うわけですよ。私と友人は日本国籍だから外登証を持ってないわけですよ。二人で顔見合わせて「どうしよう……私ら持ってない……」って。結局、学生たちがものすごく抗議して、外登証の提示はせずに済んだんですけど、あれは私が国籍を意識した最初だったな。幼くてね。日本国籍で民族学校に行ってたのに、それまで考えたことがなかったんですわ。それにしてもまた警察ですわ(笑)」

自分はなぜ日本国籍なのか。なぜ登録証がないのか。ある種の欠落感は、国籍変更への思いに変わっていった。「若かったし単純だったんです。まるっきりの朝鮮人になりたかったんです、登録証がいると思った。私が朝鮮籍にしようとした理由はそれだけなんです」。朴は快活に笑った。友人と二人、朝鮮籍への変更を決心し、朴は両親に告げた。「同胞社会に基盤を置いて生きるため、日本籍を離脱したい」と。

「オモニは全面的に賛成してくれた。父親はじっと私の顔を見て「ほんまにする気なんか」って、それだけ」。母の戸籍を取り寄せ、国籍離脱の理由を記し、保証人を得て、膨大な書類を一人で書き上げた。「すごい量でしたよ。一九七二年にアボジが亡くなったとき、バタバタして外国人登録の更新が遅れてね、西成警察署に呼ばれて調書とられたことがあって、そのときに当時の書類一式を目の前に出されたけど、これくらいありましたわ」。そう言って上げた朴の掌と机の距離は二〇センチほどあった。

ちなみにこの「取り調べ」も朴の警察嫌いに輪をかけた。「家族関係とか仕事とか関係ないことばかり訊かれてね、腹立ったから答えなかったら「いや、朴さんが言わなくても他の朝鮮の人が喋ってくれるから知ってる」とか。ほなら何で訊くねん！って。それで「そしたら何なんですか。罰金でも何でもしますよ」って怒ったら、「いや、またお宅に寄せてもらいます」って言うわけです。冗談じゃない。それで「来てもらわんで結構です。登録切り替え遅れたけど、理由が理由でしょ！父親が亡くなってのバタバタなんだから」って。家に帰ってからも腹が立って腹が立ってね」

横浜の区役所で日本国籍を離脱、その証明書を手に外国人登録を済ませた。担当官の態度は今でも憤りと共に思い出す。「「本当にいいんですか?」って何度も繰り返すんです。「朝鮮人はみんな日本人になりたがるんですけど、どうしてあなたは朝鮮人になりたがるんですか」って偉そうな態度で訊くわけです。ウチらどんだけ悩んで友だちと話し合ったか知ってんのかって。そもそも私ら在日の国籍欄をややこしくしたのは日本政府やろって。今でもあの役人の顔ははっきり覚えてます。ほんまに腹立ちましたよ」

いずれにせよ朴は人生の再スタートを切ったが、友人は門前払いだった。「「日本人になりたくて『帰化』した人が国籍離脱するなんてあり得ない」って言われたって。彼女の意志じゃないのに……」。父から認知されていなかった朴の場合、新たに認知手続をしてから六カ月以内に限り、当時の韓国国籍法(朝鮮籍者にも一律に適用された)を根拠にした日本国籍離脱と外国人登録が可能だった。だが一家で「日本国民」になった友人の場合、その抜け道がなかったのだろう。

じつは友人が朝鮮籍取得を決心した理由は、朝鮮大学校で知り合った恋人の存在だった。朝鮮籍を取得して二人でDPRKに帰国する。夢は制度の壁に阻まれ、恋人は結局、彼女を残して帰国した。次の恋人も帰国を望んでいたが、再度の申請も却下され、恋人はまた彼女を日本に残したまま、海を渡った。「日本人妻」としての帰国もありえたが、学生同士の結婚など当時は論外だった。彼女は二度の自殺未遂を起こし、職場で知り合った日本人男性のプロポーズを受けた。結婚する条件は「子どもをつくらないこと」だった。

「『何でそんな条件で結婚したの』って訊いたら『私みたいな悩み、苦しみを味わう子どもを生みたくない……』って言うんです。その後、結局離婚してしまいました。やっぱり、親が『帰化』した子はかわいそうですよ。本人が選べないわけですから。後に民族学級で何度も相談されたけど、辛いわ。言う言葉がないもん。『国籍で人格が規定されるわけじゃない。朝鮮籍、韓国籍、日本籍って政治的につけられたもので民族は一つやから、自分らしくどう生きるかが問題やろ？』とは言うけど、本人の思いは違うもん。そこにこだわらせているのは日本社会の抑圧ですよ。ルーツに目覚めて、本人が希望した場合は国籍を戻せる制度を設けるべきだと思いますよ」

同胞社会に根差して生きるとの決意は、大学の実習で訪れた各地の同胞コミュニティでさらに強まった。ある識字教室での実習体験は今も鮮明だ。「数字の勉強をしてたとき、あるハルモニがね、紙に朴正恵の『正』の字を一面、いっぱいに書いてるんですよ。『5』だと。文字が書けないんです。そんな人が多かった。自分は朝鮮大学校を出させてもろた。自分は同胞社会に対して何かできるんじゃないかと思った」。弟二人はDPRKに帰国、父は朴にも続くよう促したが、「在日同胞に貢献したい」と断った。卒業後は民族学校の教師となり、地元横浜を振り出しに経験を積んだ。私生活では済州島出身で一世の男性と結婚した。

民族学級

結婚を契機に大阪の朝鮮学校へと転勤、産休中だった一九七二年一〇月のこと、大阪市西成区にあった朴の自宅に、父の盟友で、朝鮮奨学会（所属団体や思想信条を問わず、在日学生への奨学支援を行う中立団体）理事の李殷直《リウンジク》が訪ねてきた。向かい合うや否や李は言った。「今度、長橋小学校に民族学級をつくるから関わってみないか」

「民族学級」。その淵源は一九四八年春、GHQと日本政府の指示を受け、地方軍政部と都道府県が強行した朝鮮人学校閉鎖措置にある。必死の抵抗運動と交渉の結果、大阪では朝鮮人側と行政当局との間でいわゆる「六・四覚書」が結ばれ、公立学校でも課外で週数時間なら、朝鮮語や歴史、文化の学習が認められた。これがいわゆる「覚書民族学級」の起源である。朝鮮人による闘いの「成果」ではあったが、見方を変えればそれは、延々と続く抗議を収めるために当局が示した「妥協案」に他ならなかった。当初、最も多い大阪には三三校あったが、当局や現場の無理解で、次第に減っていき、この当時、三分の一にまで衰退していた。当局の姿勢が現れている。

朴は困惑していた。「週二時間を課外でやるより、一日中やる民族学校に行く方が目的意識は達せられるでしょ。ピンとこないのが正直なところだった。それなら民族学校に転校して一日中学んだ方が効果はある。なぜ民族学級なのかと」。当時は日教組なども、朝鮮人の子どもには民族学校への転校を勧めることを方針としていた。

すると李は、日本の学校に通う朝鮮人の子どもたちの状況を説明し始めた。

「正恵は分からへんかもしれへんけど、日本の学校に行っている子はまず出自を隠す。知られている子への差別は半端じゃない。「あっち行け」とか、声すら出せない子とか。そういう子どもたちはやがてアボジやオモニを否定するようになる。朝鮮学校に行く子だけが同胞の繋がり作って胸張って生きていくんじゃなくて、地域の子みんなが胸張って生きていかなアカンやろ？　この子らにこそ民族教育が必要なんじゃないか」

出会い頭の「決め技」だった。「そう言われたら断れないけど、後でエライ目に遭いましたわ(笑)。何よりあのときは困惑が大きかった。公立学校に行く子の実態が分からないでしょ。私は朝鮮人部落に住んで朝鮮の学校通って、日本の子と何かあれば仲間と一緒に喧嘩してやっつけたし、差別を堪えて我慢するとかの経験がなかったんです。まあとりあえず一年くらいはと」

衰退傾向にあった民族学級を再び高揚させたのが、長橋小での民族学級開設運動だった。それは複数の思いや事件、僥倖が交錯した地点に生まれた。一つは一九六〇年代以降に本格化した同和対策事業の流れである。長橋小は校区に巨大な被差別部落を有していた。解放運動の結果、一九六九年には一定額の学用品支給と学力補充授業が勝ち取られたが、これはあくまで同和対策事業で、在校生の二割を占める在日朝鮮人児童は排除された。他でもない差別是正措置で生まれた被差別者間の「格差」に、朝鮮人児童から怒りの声が上がった。当時の長橋小教員、太田利信は言う。「最初の不満は学力保障でなく「おやつ」でした。午後三時に始まるので、補充学級ではコッペパンと白い牛乳でなく、フルーツ牛乳と菓子パンの間食が出たんです」。民族教育史上の運動は、「食」から始まった。

保護者からの不満も相次いだ。「私らの子にも学力保障してください!」「長橋は「差別をなくす」言うてるのにこれは差別ちゃうんか!」「「補充に入りたい!」って子どもが泣きつくんです」「集団登校させてるのになぜ下校はバラバラにするんや!」

太田の思いは複雑だった。「学力保障は必要だけど現場で見えた大きな課題は、ほぼ全員が通名で通う民族性の抑圧でした。できれば民族学校に通う。公立学校に通うならなるべく本名を使い、可能な限り家庭内で言葉や文化を教えてほしい。でも家庭訪問でそれを言えば、「閉鎖令で日本の学校に行かせながら、今度は追い出すのか」「本名を名乗らせて差別されたとき、責任取れるのか」「解放同盟と教師が差別するんか！」「綺麗ごと言うな！」とかどなられて……」。実際、この年の在日保護者の集会はこれらの怒号で流会した。

〝ろうごくのかぎ〟としての言葉

そんななか、「事件」が起きた。一九七一年の児童会選挙に五年生の在日生徒、南仁《ナムイン》が本名で立候補したのだ。「長橋では部落差別についてはよく言われるけど、朝鮮人差別のことは忘れている。ぼくは朝鮮人差別をなくすために立候補しました！」。午後三時の下校指示を徹底拒否し、補充学級のワゴンを襲撃して「おやつ」を奪っていたヤンチャで率直な南は、持ち前の行動力で各学年に支持を広げ、見事二位当選を果たした。

それと並行する形で、大阪市立中学校長会作成の小冊子『研究部の歩み』の差別記述問題が表面化した。冊子には「外国人子弟教育の実態と問題点」の項が設けられ、「言葉づかい、服装は粗雑、ウソも平気」「基本的生活習慣がついていない」「非行グループ、非行生徒といえば、必ず主役的な役割を果たし」など、社会、歴史的背景への考察を欠いた罵詈雑言が列挙されていた。解放教育に取り組む教員たちは「差別文書だ」と怒りの声を上げ、新聞沙汰になった。この問題を追及する教師たちは「公立学校に在籍する在日朝鮮人児童・生徒の教育を考える会」を結成、解放教育を謳いつつ朝鮮人を放置していた自らの欺瞞をも切開し始める。太田もその一人だった。この動きが長橋と絡み合っていくことになる。
翌年の児童会選挙には南に触発された複数の朝鮮人児童が民族名で立候補、当選した。彼らは朝鮮問題研究部を結成、名前や文化、歴史を学ぶなかで、自然に「朝鮮人の先生から学びたい」との声が上がっていった。そこにある偶然が重なった。南ら六年の「国語」教科書にA・ドーデの『最後の授業』が載っていた。「徳目主義でなく、朝鮮人の歴史と絡めて教え、最後は朝鮮人講師を招き講演会を行うことを決めました」(太田)

普仏戦争でフランスが敗れ、プロイセン領になるアルザスで、最後のフランス語(国語)授業をする教師と生徒の物語である(そもそもアルザス語というドイツ語の一方言を母語とするアルザスの子どもたちに、フランス語が「国語」として教えられていることを自明とする同作の問題点は今でこそ指摘されているが、当時の認識は違った。「占領者」に「国語」を奪われる者たちの精神的抵抗を描いた感動の物語として読まれていた)。子どもたちが受けたインパクトは強烈だった。作品中に出てくる「牢獄の鍵」を引き、ある児童は感想文にこう書いた。「祖国の勉強が明日からできなくなるので、国語つまり、〃ろうごくのかぎ〃をにぎろうと、ことばをおぼえようとしていたのだ。今のぼくらはそれと同じだ。でも今のぼくらは、〃ろうごくのかぎ〃を持たないで、ろうやをあけなくてはならない」

そして朝鮮奨学会の理事、曺基亨《チョギヒョン》の講演会が開かれた。これが民族学級開設の決め手となる。児童が多く講演は二部形式、前半を終えて校長室で休憩していると、電話が鳴った。手を尽くして曺の居場所を突き止めた共同通信記者からの談話取材だった。「曺さんは恰幅のいい、地声の大きい方でしたけど、見る間に声が上ずり、受話器を握る手が震えてました」(太田)。この日は一九七二年七月四日。互いを打倒の対象としてきた南北政府が協議を重ね、自主的な平和統一に向けた七原則で初の合意に至ったのだ。「七・四共同声明」である。これ以上ない巡り合わせだった。その興奮が講演に持ち込まれた。「今、素晴らしい電話をもらいました！ 我が国は統一に向かって第一歩を踏み出した！」。溢れ出る喜びと高揚が子どもたちに伝わり、「学ぶ場」への希求が一気に高まった。

「言葉や文化の習得を考えれば、民族学校に移った方がいいけど、目の前の子どもを放置していいとはならない。それが原点でした」と太田は言う。翌八月、朝鮮人保護者集会がもたれ、太田が独自の取り組みとして、民族学級開設を提案した。「従来の集会は学校への不満をぶつける場でしかなかったけど、あのときは違ってた。言葉には出なかったけど「先生たちがそこまで言うなら、まあ一回騙されてみよか」という空気です。「七・四声明」の影響でした」

その場で運営主体となる世話人会を立ち上げ、中身を詰めた。いわば「七・四民族学級」である。朝鮮奨学会から朝鮮籍、韓国籍の講師を一人ずつ派遣してもらう枠組みが決まり、前者は同会関西支部の金仲培《キムジュンベ》、後者は当時、大阪外国語大講師だった金東勲《キムドンフン》が選ばれた。市教委の予算措置が決まらないなか、保護者らは一口カンパで開設資金を集め、一一月二一日に民族学級の開設式を強行した。民族への思いは太田らの予想を遥かに凌駕しており、式には二四六人の対象児童中、じつに一五一人が参加した。当初は既存の覚書民族学級に倣って五年生以上を対象に想定していたのだが、開設前は懐疑的だった保護者どころか、否定的な言動をしていた者までが「民族教育は早い方がいい！」などと推進派に転じ、教師が押し切られたのだ。

式の模様は一一月二二日付け朝日新聞(大阪本社版)の朝刊三面に掲載されている。民族との出会いに期待を膨らませる児童たちを捉えた写真は、自分が自分でいられる喜びに手をかけた輝きに溢れている。問題は講師である。二人ではとても無理だ。そこで急遽三人を追加した。その一人が、多忙な金仲培の補助としてスカウトされていた朴だった。

一一月二九日に開講、放課後の長橋小校舎内に、朴ら民族講師に続いて朝鮮語を発音する子どもたちの声が響いた。わずか週二時間でも子どもたちは劇的に変化した。クラスの黒板にハングルで名前を書き自慢する子や、民族名で呼んでと担任に訴える子も現れた。自己解放の喜びは当時の作文にもうかがえる。「ちょうせんのことばや自分の名まえは、とてもむずかしいけれど、とっても楽しい。自分は少しでもちょうせん人だというじしんがでてきた」

ソンセンニムを返せ！

だが在日社会をも引き裂く南北分断が、子どもたちの思いを蹂躙していく。「一二月五日、三回目の授業の前にね、金仲培先生が、「たぶん今日で民族学級は止まるから、今日は子どもに『統一』の話や『イムジンガン』を教えてあげてほしい」って」。授業終了後、朝鮮奨学会が講師の引き揚げを通告してきた。韓国サイドからの抗議が原因だった。朴ら朝鮮籍講師が韓国民子息を教育するのは許せないというのだ。民族講師は登校できなくなり、日本人教師による自主授業になった。学校側は大阪市教委主導での再開を求めて徹夜の団交を重ねたが、埒は明かない。

一二月二二日、二学期最後の自主授業には「子どもの思いを訊く」として市教委主事らが来校した。なぜ先生が来なくなったのか？　いつから再開できるのか？　具体的な回答を避け、ときに黙り込む担当者に子どもたちが怒りを爆発させた。「ソンセンニムを返してください」「答えられません」ばっかりですけど侮辱してるんですか」「朝鮮人の先生はなあ、「あと三回勉強したら朝鮮語の字がだいたいかけるようになる」。あと三回で、ほんまの朝鮮人になれると思とったのに、その先生をとりあげられたぼくらの気持がわかるか」「差別を跳ね返すために勉強してるのに何でわかってくれへんねん！」「日本人はぼくらが朝鮮人らしい朝鮮人になったら困るんか」――。

意見聴取は午後三時半から五時の予定だったが、午後七時を過ぎても子どもの怒りは収まらない。保護者が取った出前のウドンを掻き込み、「団交」が続いた。主事らに向けられた子どもの言葉は、事態を打開できない教師たちも射抜く。「教務主任が号泣してね、「もうこんな奴(主事)に訊くな。首になったってかまへん。ワシが全部教えたる。何でソンセンニムがいなくなったかもみんな……」って怒鳴ってね」(太田)

韓国サイドの抗議はエスカレートした。市教委は三学期からの授業再開を打ち出したが、韓国領事館や民団の抗議で中止に追い込まれた。翌年一月二三、二四日には、校区の朝鮮人児童の家に民団府本部団長名のビラ「わが子女に対して浸透する共産教育を阻止しよう！」が配布され、二五日には支団長名で会議が招集され、朝鮮籍講師の排除を求める連判状作成も目論まれた。それでも再開を目指すと、領事館サイドは民族学級の運営主体「民族教育を守る会」(旧「世話人会」)の役員を呼びつけ、パスポートの取り上げをほのめかした。

国家を背景に行動するとき、人間は得てして恥を忘れてしまう。その愚劣は現在も変わっていない。金大中《キムデジュン》、盧武鉉《ノムヒョン》の一〇年が終わり、韓国政治の保守色が強まると、大阪朝鮮高級学校生の自宅などに、

DPRKへの修学旅行は国家保安法に抵触するなどと記した怪文書がばら撒かれたこともあった。だからこそ朴は、細心の注意を払いながら生きてきたのである。

テープの朝鮮語を復唱する日々が続いた。「子どもが日本人の先生に「何で朴先生はけえへんの」って訊くわけですけど、理由は言えないでしょ。だから「朴先生は小さな子どもがいるから」って答えるでしょ。そしたら子どもたちから「ぼくらが子守りするから先生、戻ってきて」とか「もうテープは嫌や。本物のソンセンニムがほしい」とか書いた手紙が来てね……」。朴は「自宅待機」を強いられた当時の苦悩を語った。

苦境を見かねた朝鮮学校生らが自主授業を手伝い始めた。ほどなく複数のメディアがこの理不尽を報じ、風向きが変わり始めた。決定打は解放教育として行われていたサマースクールである。部落解放同盟の協力で朝鮮人児童の場が設けられ、子どもと年齢の近い朝鮮高級学校生らが二週間、子どもと共に過ごした。ロールモデルを見た子どもたちの歓喜は、「大人の事情」では押し留められない奔流となり、九月、ついに民族講師が戻った。

朴は、子どもたちの思いが現状をこじ開けたと力説する。「部落の住宅改良運動をやっても入る段階では除外されたり、学力保障でも朝鮮人は追い出されたりとかね、子どもには差別されてる意識があったんですね。そこで得た民族学級は、奪い返す場なんです。その後、民族学級の発表会をやっても子どもたちが劇とかで訴えるんよ。「ウリマル(朝鮮語)を返せ、名前を返せ！」って。はじめは「小学生のくせに何でこんなにキッイ言葉を使うんや」と思ったけど(笑)、やっぱり子どもの想いなんやって思った。民族学級ができたのは、単にウリマルとか歴史とか文化とかを学ぶとか、一緒にいたら楽しいじゃなくて、親や祖父母が奪われてきた民族のマウム(心)を自分たちで取り戻したいという思いなんだって。それが大人たちを動かしてん。私が今、伝えたいのはそこやねん」

一連の経緯を留める冊子『우리말을 返せ！の要求に応えて』を貫くのは、闘いを朝鮮人学校閉鎖令への抵抗運動「四・二四」との歴史的連なりで捉える姿勢である。先人たちの民族教育への思いと「出会う」なかで、物理的な限界があっても公立学校に民族学級を設ける意義が思想的に鍛えられていったのだ。その肝は「目の前の子を抑圧から解放すること」(「考える会」代表、稲富進)である。

子どもたちとの対話

「長橋教育闘争」を乗り切り、やっと教育に取り組みはじめたが、新たな苦労の連続だった。「最初に誘われたとき、李殷直先生に「私、何教えますの？」って訊いたら「朝鮮語や、正恵は文学部卒だから心配ない」って。でも騙された(笑)。歌とか踊りとか軒並み私の苦手なものばかり。朝鮮の学校と違うて教材も何も自分で作らなアカンの。私すごい絵が下手なん。横で見てた同僚が「ソンセンニム、絵はもうやめてください」とかいうて作ってくれたくらい(笑)」。二年目は特に苦労した。「六年生を担当したけど、全然言うことをきいてくれへんの。子どもの前で何回も泣いてね。授業も下手やったし」

五里霧中の日々、とりわけ騒がしい子を担任していた日本人教師の一言が光となった。「「教室ではあの子は大人しい模範生です。普段は出せない自分もここでは出していいと実感している。解放されてるんですよ」って」。発想の転換だった。荒れた子でも一人ひとりと向き合い、語り合うことを心がけると、関係性が目に見えて変わってきた。同時に市内外には次々と民族学級が開設され、複数の学校をあわただしく行き来する日々が続いた。「上階から椅子や机が降ってくる」ような教育困難校でも、ていねいに語らうなかで関係性を築いた。その秘訣を訊くと、朴は思い出を愛おしむように遠くを見て、少し間を置いて言った。「一生懸命やったらそのときに分からなくても意味は通じる。それとやはり怒鳴ったらダメですわ。私も大きな声出すこともあったけど、そうした子どもは卒業後に繋がらない」

子どもたちとの対話は、自らの来歴をも見つめさせた。「一つは「国籍」です。親が判断して一家まるごと帰化した子は、民族意識が高まると悩むわけです」。具体例を訊くと、語りはトップギアに入り、子どもの逸話が堰を切る。「「今日からぼくは日本人やからここにおったらアカンのかな……」とつぶやいた子がいてね、この日に申請が下りた子やったん。別の子からは「親が勝手に帰化したけど戻されへんやろか」って相談されたりね。あの子の姿忘れられへんわ。自分の大学時代を思い出してね。「今は戻すの難しいけど、もっと民族のこと勉強して胸張ったらいいやん。国籍が人格決めるんじゃないし」って言うけどね……。「国籍なんて便宜上」という人もいるけど、その子にとっては違うねん。日本社会の抑圧があるからこそこだわるわけで、そこを解決するのが筋でしょ」

学級後、唐突に「ソンセンニムの旦那さんは朝鮮人か?」と訊く男児がいた。「「そうやけど」言うたら「そしたら喧嘩せんでええな」っていうわけ。「いやうちも喧嘩するで」って返したら、「そういう意味ちゃうねん」って」。家庭訪問すると朝鮮人の父と日本人の母を持つ子だった。父は日雇で、生計の柱は母が担う。普段は小さくなっている父は、反動なのか酒を呑むとときに荒れた。子どもの目にはその「だらしない姿」だけが映り、彼は朝鮮に劣性を見ていた。朴が赴任した段階ですでに四人、「ダブル」の児童がいた。

家庭訪問を繰り返せば親の悩みにも向き合う。多くは夫婦の属性の違いに起因していた。「民族学級で活き活きとして帰ってくるけど、(朝鮮人の)アボジとの会話が弾む一方で私は寂しい思いをしている」とこぼす日本人の母もいた。学校でかたくなにチョゴリを拒む女児の家に行くと、母親が日本人だった。女児は母親の「置き去り感」をおもんぱかり着用を拒んでいた。「それで親の疎外感を防ごう、民族学級の実践を知ってもらおうと思って保護者に声かけしてね、希望要望を募ったら、「ハングルを教えてほしい」とか「子どもが学んでくることを知りたい」って。保護者会で学習した」。丸ごと取り組むしかなかった。「一度、「子どもが使い分けする」って日本人のお母ちゃんが抗議に来てね。「民族学級で朝鮮人やいうても地域では日本人になってる。都合よく使い分けをする子どもになってほしくて民族学級にやったんじゃない」って。あ、自分もそうやったなって思った。朝鮮人の中ではオモニのこと全然話してなかったしって。このときは言えんかったけど」

自らの来歴を語らねばとの思いが高まっていった。そんなときである。教室の前でたたずみ、「私、ここにいてもええの?」という中学生がいた。「訊いたら「うち朝鮮籍やから……みんな韓国籍やもん」って。朝鮮籍も韓国籍も政治的なこと。民族は一つだからええよって言うて。クラスの子にも訊いたら、「何も気にすることない」ってみんな言ってくれてね」。終了後、他の生徒もいる前で、朴はこの生徒に自身の微妙な立場を説明し、その上で言った。「先生も朝鮮籍なん。ほんでオモニは日本人なん。大事なのはどう生きるかやから一緒に頑張ろう」。子どもの顔がぱっと明るくなった。「以前にも個人的には少し言ってたけど、あのころから出自を口にし出しました。ひたむきに努力している子どもたちと「生き方」を語るわけですから、対立がすごい時代だったけど、どうしても隠しきれなかった」。次第に、それまで足場の不安定さだと考えていた自らの来歴は、多様化する子どもや保護者と向き合う上での力になることに気づいた。「朝鮮人児童、生徒の自尊感情は、同じ境遇の者と出会い、その人の中にも自分と同様の「揺れ」や「迷い」「悩み」があることを知り、それを通じて培われていくケースが多い」。自著に記した朴の確信である。「すべて子どもたち、保護者たち、民族講師たちとの関わりで学んだこと。感謝しかない。子どもにありがとう、保護者にもありがとう。日本の教師たちにはもうちょっと頑張って(笑)」

語られなかった母の想い

全身全霊で民族教育に取り組む日々、しばしば頭をよぎったのは、朝鮮人社会に飛び込み、根を下ろそうと努力した母の語られぬ「想い」だった。焼肉屋を切り盛りし、生活と夫の活動を支える一方で、歌舞団公演や映画上映があれば必ず朴を連れていき、「民族」に触れさせた。息子二人を彼らの希望通りにDPRKに送った後は、働きぶりに拍車がかかった。「『もうすぐ共和国に帰るから家族全員で正月迎えよう』とか夢みたいなことを本気で言ってね、毎日朝から晩まで働きづめ。ときおりアボジがやってきて活動資金を持っていく、組織のために使うわけだけど、文句ひとつ言わないのが不満でね。弟なんか、何で犠牲になるんやって、別れてくれっていうたことあるもん」。あるとき、母がふと漏らした一言を朴は忘れられない。「『昔占い師に見てもらったら、私は出会った大事な人がみんな離れていく運勢にあるんやって。だから正恵も帰りたかったら帰ってええねんで」って」

父が莫大な借金を残して死去したとき、悪しざまに言う朴をたしなめたのも母だった。「そんなこと言うても正恵もいろいろともらってるやろ。そんな風に言うたらあかん」って」。借金を完済した後、母はついに倒れた。日本での身寄りは自分一人、呼ぶか否か戸惑った。「まだ自分がダブルであることを整理できてなかったんだと思う」。同僚の民族講師に打ち明けると叱責された。「『ソンセンニムのオモニやろ。自分がダブルという認識があって、何で迷うんや。自分をまるごと認めないで子どもに何を教えるんや』って、もうコテンパン」

とはいえ母は「日本人の私が行ってええの」と尻込みした。説き伏せて横浜に迎えに行くと、ゴミの中に着物が何枚もあった。「何で？　って訊いたら「朝鮮人の家庭に住むからもう要らない」って。「オモニは日本人なんやし、うち来ても着物きたらええやん」って、いくつか持ってきてもらったけど……」。孫、曽孫に囲まれた穏やかな暮らしを経て、母は二〇一〇年秋、大阪で死去した。納棺のため開けた行李に、持参したはずの着物は一枚もなく、黒い着物コートだけが入っていた。「それ見たときね、悔いというか、結果的に私はオモニの尊厳をないがしろにしてたんちゃうかって……途絶えた人間関係とか、否応なしに横浜に来た覚悟とか、息子を共和国に送ったときの気持ちとか、着物を棄てたこととか……私に話したいこともあったはずなのに、私は無我夢中で走り続けて、訊かずに来てしまったって」

家族だけの葬儀、棺に向かって朴は、言った。「ごめんなさい……ごめんなさい、ありがとう」と。

なぜあれだけ徹し、尽くしたのか。民族講師として子どもや保護者と重ねた出会いと語らいの数々は、言語化されなかった母の「想い」を推察する作業でもあったのかもしれない。「オモニに何もしてあげられなかった分は、せめて子に返したい」

未踏の地

聴き取り開始当初、場所はつねに長橋小学校だった。放課後のがらんとした校内を二階の民族講師控室に向かいながら、自らを解き放つ子どもたちの歓声が飛び交う様を想像した。週二時間でも民族に触れる時間のもつ意味がいかに大きいかは、その機会をもてなかった者の一人として十分想像できる。壁や廊下が朴と子どもたちの歓喜を記憶していた。

「一年で朝鮮学校に戻ろうと思っていた」教壇に立ち続け、気がつけば民族講師の中心になっていた。一九八五年に脳腫瘍を手術、右眼の視力を失ったが、現場は離れなかった。民族の「マウム（心）」を子どもに説く一方で、学級拡充や講師の身分保障にも取り組み、二〇〇五年には大阪市内の民族学級が一〇〇の大台に乗った。一方で学校現場は一九九〇年以降、息苦しさを増していく。その象徴は一九九九年の「国旗国歌法」である。朴に子どもへの説明を頼む日本人教師もいたが、「それは日本人の役割」と突っぱねた。対応に苦慮するとマイノリティを前面に出したがるマジョリティの「甘え」には厳しい。

教壇を降りてから一〇年近いが、小柄な体には語るべき「今」と「思い」が漲っている。ダブルと日本籍者が子どもの大半を占める現場の状況、教師の意識、行政施策の後退……。インタビュー序盤は質問そっちのけの独白だ。とりわけこだわるのは名前の問題である。「名乗り難い状況」は今も変

民族名を巡る裁判の報告集会で語る。大阪市西成区、2013年1月30日

わらない。民族学級で水を得た魚のように活動していた子が社会人になって再会すると、通名の名刺を出されて衝撃を受けたこともある。もう一つは「ダブル」の名前である。「最近ね、「どちらにしますか」って親や子どもに聞く教師がいるけどアカンと思う。「あなたはどう呼びたいの?」「あなたはこの子の何と出会いたいの?」が先でしょ。何年か前の研修会でね、「ダブルの子に姓はない」と言う教師がいて、批判したら嫌われてね(笑)。民族学級ではルーツのうち、抑圧されがちな部分を見つめて大事にして、まるごと自分を肯定するのが大事やと思うん。だから私、「ダブル」の言葉にも抵抗あったん。だって日本人と朝鮮人とが対等でないと成り立たない言葉だと思うけど、今は違うから。私、お喋りやね、アハハ」。隠居する気は毛頭ない。入院する二〇一五年までは教師の研修会にも引っ張りだこだった。「だから私には定年がない

の。死ぬときが定年やわ（笑）」

夫の故郷は済州島、家の墓もあるが朴にとっては未踏の地だ。「民主政権時代に一度、日本の校長先生たちの研修ツアーで引率役やることになって、臨時パスポートが下りてね、連れ合いも「良い機会や」って喜んだんやけど、後遺症のふらつきがひどくなってね。実際、街中で何回か倒れたことあるし、怖いし、医者に相談したら止められた。統一したら行きたいけど、特例的に行くのは嫌やなという思いもあってね、体調に出たんだと思う。でも黙って行けばよかったとの思いもあってね、またチャンスあるかなあ。でも私が生きてる間は無理やろうね……」。そう言うと朴は、沈んだ空気を振り払うように笑った。

――朴さんにとって朝鮮籍は？

「朝鮮籍は私を変えたね。自分のルーツをそれとして、しっかり見据える人間になったんとちゃうかな。家族は私以外みんな韓国籍に変えたけど、私は二〇歳のとき、同胞社会で生きようと思ってアボジの籍に入ったん。これで自分のルーツをしっかりさせたんやから変えられるもんじゃない。それで日本人であるオモニへの眼差しも変わったん。韓国籍に変える人を批判するつもりはないですよ。お墓守るとか、親族に会わなアカンとか各々の事情があるから。でも私でいえば一生変えない。朝鮮籍でいえば亡くなったシアボジ（義父）が朝鮮籍でしてん。でも自分に残された時間が限られてると思ったとき、「死ぬまでに一遍は帰りたい」って。一遍行ったら二遍、三遍行きたいでしょ。国籍変えてね。それで済州島の土に埋めてほしいと言わはって、棺で飛行機乗って済州島帰りはったん。私、シアボジの気持ちがよう分かるねん。ああいう一世の思いに触れるとね、あんな理由で変えざるを得ない状況にすごい憤懣がある。この分断状況を続ける朝鮮人社会と、その原因である日本に対してね。この状況では私の生きてる間には統一は難しいだろうし、在日朝鮮人社会も一つになるのは厳しいだろうけど、子どもの時代にはせめてそれはなくさなと」

ＤＰＲＫに帰国した弟二人はすでに鬼籍に入った。訪朝したい思いも強いが体調はいかんともし難い。「やっぱりチョッカ(甥、姪)たちが気になる。だって親戚いないもん……」。珍しく沈黙した後、朴は突然、声のトーンを上げた。「行きたい！会いたい！やっぱり弟の子や孫たちに会いたい！……やっぱり一度会ったら二度会いたいと思う。自分の身体では行かれへんと思うけど行きたい！」。一気に語ると朴は、遠くを見るような目をしてつぶやいた。

「それにしても私、死んだら夫の家の墓に入れるのかな。それとも朝鮮籍は骨になっても入国拒否で、玄界灘に散骨するんかなぁ……」

5 在日朝鮮人被爆者の解けぬ怒り——李実根

反省と検証と謝罪があってこそ平和がある。どんな平和を求めるのか？ その内実の問題なんです

李実根……リシルグン

一九二九年、山口県に生まれる。国鉄職員だった一九四五年八月七日、広島で入市被爆する。朝鮮戦争反対闘争で獄中生活を送った後は、在日、在朝被爆者の救済を求め国内外を奔走。当事者団体を設立、全国組織にした。朝鮮民主主義人民共和国籍を公言して米国入りした初の在日でもある。広島県朝鮮人被爆者協議会会長、著書に『白いチョゴリの被爆者』『プライド』など。二〇二〇年三月二五日逝去。

[写真] 広島市西区の自宅で。二〇一五年九月二八日

広島市西区福島町、ソウルフード「ホルモン天ぷら」の店が点在する住宅地。呼び鈴を押してしばらくすると、サッシ扉の向こうにぎこちなく動く人影が見えた。李実根《リシルグン》だ。

広島で入市被爆した在日二世である。朝連、民戦、総連の活動家を経て、在日朝鮮人の被爆者団体を設立。在日朝鮮人被爆者の思いを束ね、日本政府に過去清算としての対応を求めるとともに、援護の埒外に置かれた在朝被爆者の救済を求めて奔走してきた。それは、加害を捨象して成り立ってきた「ヒロシマの平和」の欺瞞を旧植民地出身者の立場から照射する営為でもあった。「非転向の象徴」として朝鮮籍を保持する李はまた、朝鮮民主主義人民共和国(DPRK)の国籍保有者であることを公言し、初めて米国を訪れた在日朝鮮人でもある。

李に会うのは二〇一一年の八月以来四年ぶりだった。以前は黒く染めていた頭髪は真っ白だった。白いシャツの上にクリーム色のジャケットを羽織った姿もあってか、まるで淡い線だけで描いた素描のような透明感が漂う。この数年は体調が思わしくなく、二〇一四年には胃潰瘍で病院に救急搬送されている。お見舞いの電話をしたときは、「いやいや、不死身の李ですから大丈夫です」と笑っていたが、日本共産党での非合法活動や一九五〇年代の獄中体験で身につけた胆力や、開かぬ扉をこじ開けてきた突破力などから、畏敬を込めて「ヤクザ活動家」と呼ばれていたかつての面影はなかった。

この前日には、在外被爆者とその遺族が大阪府を相手取り、医療費の全額支給を求めた訴訟で、最高裁が「全額支給すべき」とする初の判断を示した。在外被爆者が日本国外で受けた医療を援護法の対象から除外し、上限付きの医療費助成でごまかしてきた援護行政に風穴が開いたのだ。地元紙『中国新聞』の一面トップには、判決を受けた厚労省が、在外被爆者全員を全額支給の対象にする方針を決めた、とある。遅きに失したとはいえ大前進だった。しかし、この話題にも李は乗ってこなかった。あくまで当事者の闘いによって在外被爆者への差別処遇は漸進的に改善されてきたが、「国交がない」ことを理由にDPRKの被爆者はつねに「見えない存在」とされてきた。この判決も在朝被爆者には届かないとの見立てが先に立っていたのだ。

在朝被爆者を可視化させ、恩恵ではない救済を実現するため、李は計二五回、DPRKに入国した。毎年、原爆忌に来広する首相や担当大臣にも直談判してきた。その数は四〇人近いが、何十年たっても答えは「検討」である。要請だけではない。講演会や学習会など小さな機会もないがしろにせず、李は日本の主権者に「責任ある行動」を呼びかけてきた。だが状況は動かない。ふわりとした佇まいには、澱のように溜まった疲れすら感じられた。

しかし動画カメラを回すと、李は独特の塩辛い声で問わず語りに訴え始めた。

「私に今一度、言わせてもらいたいのは、なぜ朝鮮人が原爆の犠牲になったかという問題です。朝鮮人は自ら望んで日本に来たわけじゃない。植民地支配の結果として被爆したのに、なぜ過去清算として取り組まないのか、補償と謝罪をしないのか、ということですよっ!」。素描に色が塗られていくように、最初の浮遊感が消えていく。五年前、初めて李に長時間のインタビューをしたときの姿を思い出した。

「廣島」と「ヒロシマ」

二〇一〇年四月、李は三つ揃いのスーツ姿で、平和記念資料館の喫茶店に颯爽と現れた。私が訊きたかったのは、「ヒロシマの平和」への見解だった。当時、広島の「平和行政」は迷走の極みにあった。「核なき世界」を口にしたオバマ米大統領の「プラハ演説」に舞い上がった秋葉忠利・広島市長は、大統領選で使われた造語「オバマジョリティー」を持ち出した。米国大統領が核廃絶を言うのだから「我々も多数者」との意味である。秋葉の肝煎りで「オバマジョリティー・キャンペーン」が企画され、街中はもちろん、記者会見時の背景板にまでこの珍妙な造語が記された。TシャツなどのPR用品も作成され、あげくは振り付きの「オバマジョリティー音頭」が登場するなど、「ヒロシマ」を世界の笑いものにしているとしか思えない馬鹿騒ぎが繰り広げられていた。

当時、ブッシュ大統領時代に始まったアフガニスタンとイラクでの戦争は、すでに「オバマの戦争」と化し、加えて彼はイスラエルによるガザでの虐殺を全面的に支援していた。「核に反対」でありさえすれば何でもいいのか？　オバマとの同一化を希求する「国際平和文化都市」の姿は、私にはご主人様への「奴隷の求愛」にしか思えなかった。この年は朝鮮人被爆者を生みだした原因である韓国併合から一〇〇年の節目だったが、その約四カ月後の八月六日、秋葉が読み上げた「平和宣言」には、加害責任や植民地支配への言及は皆無だった。

そのことを訊くと、李は勢いよく話し始めた。「それは加害に目をつむってきた問題と通じています。今も多くの人は一九四五年八月六日からの話としてしか被爆を捉えていない。そこまで何をしてきたかが欠落している。「なぜ朝鮮人被爆者がいるのか？」を日本人側から今一度、整理してほしいんですよ」

　李が力説したのは、原爆投下以前の「廣島」と、国際平和文化都市「ヒロシマ」との断絶だった。

「原爆を投下された大きな理由は軍都だったことですよ。一八九四年から一九四五年までの五一年間、日本はつねに戦争をしてきた。大きいのだけでも日清、日露、満州事件、日中、アジア太平洋の五つ。そのすべてに廣島から軍隊が出ているわけです。言い換えれば廣島はアジア侵略の起点だったのに、加害の都市だったことを認める人は多くない。中国侵略、南京大虐殺も含めて歴史を振り返り、けじめをつけないと「ヒロシマの平和」に説得力はないですよ。ヒロシマはつねに綺麗な被害者でいたいんですよ。その方が海外で語ったときに力があると思っている。私は全然違うと思いますよ。反省と検証と謝罪があってこそ平和がある。どんな平和を求めるのか？　その内実の問題なんです。アジアだけじゃない。たとえばオバマ大統領に「広島に来てくれ」いうなら、キャンペーンじゃなくて、広島市長や知事が真珠湾に行って線香の一本でもあげるべきですよ」

　原爆という人類史上未曽有の出来事の衝撃が、それまでの侵略の歴史を消し去り、加害を無化してしまったのだろう。その中で不可視化されたのが在日朝鮮人ら旧植民地出身の被爆者だった。二〇〇一年、日本の外務省による初の、そして現段階では最後の調査（実態はDPRK当局への照会）で判明した在朝被爆者は一三五三人、うち生存者は九二八人。二〇一〇年、生存者は三九二人に減っていた。

「なぜ在朝被爆者には何もしないのかと思うわけです。何かやってあげても罰は当たりませんよ。今年は併合一〇〇年ですよ！　むしろ日本の格を上げるだけじゃないですか……」

　李と再会した二〇一五年九月の段階で生存者は二〇〇名弱になっていた。体調不良でこの数年は訪朝が叶わず、正確な人数すら分からないのだ。歴史的責任に頬かむりし、関係者が死に絶えるのを待つ日本政府の対応に怒りと焦りを募らせながら、それでも李は扉が開く日を信じて現地に足を運び、在朝被爆者たちを激励してきた。しかし分かち持った願いは実現の目途すら立たぬまま、彼らは次々と鬼籍に入っていく。そして李自身も八六歳になった。「私ね、怒りが解けないんですよ、誰も解いてくれようとしない……」

焼野原

李は一九二九年、山口県内日《うつい》村(現・下関市)に生まれた。物心ついたときの記憶は思想教育の徹底である。「小学校の遠足は乃木神社で、海軍の記念日には、日露戦争の勝利を延々と聞かされた。大陸への玄関口は侵略、植民地主義の拠点でもある。あのあたりは相対的に軍国主義色が強かったと思う」。毛穴から入ってくる軍国主義に染まり、「正しい日本人」を夢見た李だが、入学した旧制中学で待っていたのは差別意識に基づくリンチだった。

「竹の人形を木の棒で突く訓練をしていたんですけど、ある日、陸軍中尉がですね、「この中に鮮人がおる」というわけです。ドキッとしましてね。何度も「名乗れ」と言うから仕方なく出たら、私に剣道の防具をつけさせて、「この鮮人の子をチャンコロと思って突くことにする」と言うんです」。中尉が「手本」を示した後は、クラスメートの番である。級友が自分を「敵」と見なして突っかかってくる。なかには手を抜く友もいたが、中尉から殴りつけられた。「家に帰って服を脱ぐと、胸や肩が痣というより内出血で真っ黒なんです。父は「難関の学校に入ったのだからもう少し我慢すれば……」と言いましたけど、母は「このままでは殺される」と思ったんですね、二年足らずで退学でした」

父が国鉄職員に相談し、駅員になった。重安《しげやす》駅で働いていた一九四三年ごろ。近くに石灰採掘の飯場が設けられ、労働者たちが増えてきた。ある日、李は数人の労働者から切符の融通を頼まれた。実際は暴力をちらつかせた恫喝である。辺鄙な重安駅には一日数枚の切符しか割り当てがなく、入手が困難だった。聞き覚えのあるイントネーションを質すと、阪神地方から来た同胞だった。後で知ったが、「敗戦近し」との情報を得て、すぐに帰郷するため、下関に近い場所で働いていたのだった。同胞のよしみで切符を都合するうちに、彼らが足繁く三宮に通っていることが分かった。訊けば「闇米」のアルバイトだった。「長田《ながた》の部落に行けば警察に密告せんと高うに買うてくれる。お前も一回、行ってみるか?」

最初は躊躇したというが、すぐにチームを結成した。メンバーには失業中の父や妹もいた。「私が非番の日です。一人四斗の米を分けて持ち、夜の七時に上り列車に乗る。そしたら座席の下とかに分散して米を隠すんです。一二時間で三宮に着いて長田までは歩く。買い取るおばさんがいてね。持っていった米を量るんですけど、ちゃんと量っているのになぜか私ら人数分の米を余らせて、それでご飯を炊いてくれる。あれはプロの仕事でした(笑)。梅干しとか福神漬けとか添えてくれましてね。重労働の後だからうれしかったですよ。おばさんの家で四、五時間眠らせてもらってから夜七時の列車で戻って、そのまま仕事に入ると遅刻せんのです」

国鉄職員と闇屋の兼業は「あの日」まで続いた。八月五日夜、いつものように三宮に向かい米を売り、六日の夜、下り線に乗り込んだ。いつごろからか、列車は何度も停車と徐行を繰り返し始めた。ようやく八本松駅(東広島市)についたのが七日朝、「ここからは列車不通のため通行できません」とのアナウンスに、父と妹を含めた九人で、線路沿いを西に歩き始めた。広島駅付近に来たのは午前一〇時ごろ。目の前に廃墟が広がっていた。

「震えましたね。駅の鉄骨がグニャリと曲がって、街は焼野原で四方が見渡せる。何でこうなったのかまったく分からないわけですよ。足元も瓦礫が散らばってるから危なくて、父や妹、同胞と手をとりあって、とにかく西に歩きました。内臓が飛び出したり、頭が割れて脳味噌が流れ出たままの死体があったし、体中が焼けただれてもまだ生きてて、呻いてる人もいる。その中を歩いていると、自分が生きてるか死んでるか分からなくなるんです。ここから出なきゃいけないという本能に衝き動かされるみたいに、震えながら西に歩きました。そしたら仲間が突然ひっくり返ってね。手を繋いでるからみんな一緒に転んだんですけど、見ると黒焦げの死体を踏んで足を滑らしたんです。助け起こされて回りを見ると、死体が丸太みたいに横たわってました。防火水槽があったんです」

死体の皮膚や肉片、体液が李たちの身体にこびり付いた。「水道は壊れてるから、仕方なしに川に飛び込んで洗うわけですけど、また転ぶんです……」。幾度も川に飛び込み、まとわりつく「死」を振り払うように、必死で身体を洗った。「当時七つあった廣島市内の川はどれも葦が茂ってまして。水が満ち引きすると死体が引っかかって晒される。ものすごい腐臭は今も忘れられません。しばらく歩くと女性の死体がいくつもありました。爆心地から少し離れているから、まだ死体が人間の形をしているわけです。こういう言い方はあかんのでしょうけど、女郎さんでした。着物が独特だから分かるんです。遊郭だったんですよ」

寄り合って息絶えていた遊女たち。講演で李は必ずといっていいほどこの光景に言及する。それは、植民地出身者同様、彼女たちも「無辜の被害者」の物語から排除された存在と思えるからだ。明治政府発足以降、対外侵略にともない栄えた軍都・廣島は、「慰安所」を必要とした。実際、廣島の遊郭は、日清戦争時の大本営設置を契機に肥大化したという。彼女たちが居たことを刻むのは、李なりの「悼み」なのだと思う。

「どれくらい歩いたか、父親の手の温もりで「はっ」と我に返りました。「生きてるんだ」って。大きな道路に出るとトラックや馬車が遺体を積んで西に走っていくのが見えました。結局、一〇時間歩いてました。トラックの荷台に飛び乗ったりして岩国駅に辿り着き、貨車に乗って、ようやく下関に帰りました。二度と神戸に行く気にならんかったですよ」

愚直な軍国少年だった李は少年航空兵になって「御国」のために闘おうと陸軍航空少年兵に応募、この年の三月に合格し、一〇月一日の入隊を待つ身だった。それほど骨の髄まで皇国少年だったのだ。「偉くなって立派な軍刀を下げて、馬鹿にした奴らを見返してやるんだと。でもね、「神風が吹く」と信じていた軍国少年だって、あの惨状を見て思いましたよ、「日本は負ける」と」

数日後、九人全員が発熱した。加えて李ら数人は猛烈な下痢に見舞われた。死体の中を歩いた緊張か、猛烈な咽の渇きに思わず川の水を飲んだのだ。とはいえ医者にかかる金もない。ヨモギをすり潰して呑み、体内を消毒するため、煙管のヤニを小麦粉で包んで口にした。最後の手段と教わり、ケシを煮出した汁を大量に飲むと下痢は治まったが、赤い斑点が体中に現れた。斑点は紫をへて黒くなった。典型的な放射線障害、紫斑だった。入市被爆、しかも汚染された水を飲んだことによる内部被爆が原因である。腹にできた大きな膿疱をえぐり取ると、ようやく快方に向かった。

解放

衰弱しきった体で八月一五日を迎えた。「それまでどこにいたんだろうと思うほど、朝鮮人が街中に溢れてきて、「マンセー、マンセー」って踊るんです。でも私は合流できない。散々、差別されたけど、皇国臣民としての愛国心があるわけです。敗戦への悔しさと、解放の喜びの間で私は取り残されていた。足元が割れて、落ち込んでいくような感じでした」

下関には朝鮮人が押し寄せ、チャーターした漁船で次々と故郷を目指した。いつの間にか闇市が立ち、戦中の物資不足が嘘のようにモノが溢れた。何かを求めるように、李も頻繁に下関へ通った。「自分も朝鮮人だったんだ……」。当たり前の事実を思い出したが、「そちら」には行けない。朝鮮人であることを担保する要素が何もないのだ。「朝鮮を「故郷」と言えない自分がいました。自分にはイメージできない故郷へ発つ者たちの背中を羨望混じりに見つめるしかなかった」。今も李は「故郷は山口県」と言い切る。「私が日本にいる経緯への疑問はあるけど、だからこそ山口県で生まれた事実はしっかりと押さえたい」

先の見えぬ不安と焦り。李は「正義感」に身を委ねることでそれを解消しようとした。とはいえ中身は「喧嘩沙汰」である。混乱期、街で幅を利かせたのはヤクザや「特攻帰り」だった。大義名分が立てば、李は誰とでも渡り合った。「当時の鉄則は「強きをくじき、弱きを助ける」でした。要するに「正義感」という魔法にかかっていたんですね。義が立てば多少のことはやってもいいと。いつのまにかリーダー格になっていました」

そんな日々を脱する契機は刃傷沙汰だった。仲間と盛り場を「警邏《けいら》」していた李は、外れしかないくじ引きでお年寄りを身ぐるみ剝いだテキヤを見咎め、盆に使っていたミカン箱を蹴り飛ばした。退散したテキヤは宿から匕首を持ち出して逆襲、李を刺して逃げた。「テキヤといっても要は地元のヤクザがショバ代を取って店をさせている。私らは現場に来た警官に「ここからヤクザを追い出せ」と息巻いたんです。結局、警察を間に入れて、朝鮮人連盟がそのヤクザに落とし前をつけさせようとなりました」。署長からの連絡で李たちが警察署に出向くと、目の前に小さな桐箱があった。開けると中には指が入っている。「これで堪えてくれ」というヤクザからの意思表示だった。

解放後、左派朝鮮人団体が同胞の支持をほぼ独占したのは、民族への献身的活動や高邁な理念だけではない。在日の生活上惹起する多様な問題を解決するためならば、ヤクザや愚連隊、警察権力とも渡り合う「力」と身体を張った「覚悟」のゆえだった。

やがて喧嘩三昧の毎日にも空しさを感じ始める。「相手もまた、不安と焦りを発散しているわけです、正義を掲げても似たようなもんだなと」。その頃だった。「九州大学の今中次麿《いまなかつぎまろ》の門下生が中心になって厚狭《あさ》図書館で社会科学研究会というサークルをやってましてね、熱心に誘ってくれるので行ってみたんです。最初は話の内容が皆目分からなくて、逃げるように退散したんですけど、誘われてまた行く。その頃は喧嘩もしなくなっていたし、暇とエネルギーを持てあましているわけです。それでだんだん分かってくると面白くてたまらなくなるわけです。一六歳でしたし、学校は断念したし、

「学び」に飢えてたんですね。『史的唯物論』や『資本論』を学ぶと、混沌が整理されていくわけです。やはりすごいと思ったのはマルクスでした。歴史の流れを系統的に学ぶわけです。世界がこう進み、こう変わっていくことを確信をもって示してくれる。世界が開けていく経験でした」

朝鮮人学校に通い、言葉を学ぶと、民族意識がむくむくと芽生えてきた。一九四八年春、朝連から声がかかった。東京・多摩川近くにあった幹部養成機関「朝連中央高等学院」への入学である。いわば組織活動家への「出家」だった。「今でいう大学ですけど、四年の課程を半年でやるというんです。浅田《あさだ》光輝《みつてる》や茂木六郎とか錚々たる面々が講師陣で、朝八時から夜一〇時まで！　これが私の原点です。今までの自分を反省材料にして、朝鮮人として民族、祖国のために生きようと思ったんです。だから今も朝鮮籍なんです」

逃走犯

一九四八年九月に学院を修了、山口に戻って組織活動に邁進した。孤立感に苦しんでから四年足らず。順風満帆にみえた李の毎日は、時代の荒波に呑み込まれていく。朝連の強制解散、朝鮮人学校の強制閉鎖、そして一九五〇年六月、朝鮮戦争が勃発した。祖国での戦火に身を捩《よじ》る思いをしていた翌七月、「大田《テジョン》の闘い」で朝鮮人民軍の捕虜となった米国陸軍第二四師団の師団長が、米国の非を認めたとの一報が入った。李にしてみれば、ＤＰＲＫの正義が裏づけられたのである。燃え立った彼は数人の仲間とともに、伝えられた師団長の声明を訳し、ガリを切り、「アメリカの戦争は不正義だった。戦争のために共産党を地下に追い込み、我々朝鮮人連盟を潰した。アメリカは悪い奴だ」などと記した反戦ビラ数百枚を作成、映画館の二階から場内にばら撒いた。占領政策違反、当時は「犯罪」である。警察官が飛んできたが、現場を押さえられていないことを盾に振り切った。

「帰宅して何食わぬ顔で寝てたんですけど、警察官が家の周りを包囲してる夢を見て、汗びっしょりになって飛び起きた。そしたらそれが正夢になっちゃった(笑)」。玄関先から聞こえてきたのは、応対に出た母親に「警察ですが」と名乗る声である。目の前にあったズボンと上着を纏《まと》って裏口から抜け出し、隣家の垣根を越えて振り返ると、何人もの警官が家に雪崩れ込むのが見えた。知人友人の家を転々としながら逃亡生活を続けた。約一カ月後に逮捕されたが、仲間たちが高額の保釈金をかき集め、括弧つきの「自由の身」となった。だが追って届いたのは、小倉で米軍の軍事法廷にかけるとの決定だった。やむなく彼は再び逃亡した。強制送還の恐れがあったからだ。

東萩の山奥で匿われた後、組織から広島行きを指示された。大晦日、八丁堀にあった民戦の事務所に行くと、市内の朝鮮人集落に案内された。あてがわれたのは豚小屋の二階、階下の豚を監視する小屋である。「床下」では数百匹の豚が鳴きわめき、乱雑に板を打ちつけただけの「壁」からは冷たい風が吹き込んでくる。庇護なのか拷問なのか分からない。

「逃亡先とはいえ、とても人間の暮らす環境じゃなかったですよ」。煎餅布団で寝起きしたが、起きると身体に雪が積もっていることもあった。「数日分のお米と一日あたり一〇円が届くんですけど、当時、秋刀魚《さんま》一匹、豆腐一丁が一〇円です。食べるのに精いっぱい。辛いのはタバコが買えなかったこと。小屋を抜け出して国道沿いの土手を隠れながら歩いて、車から棄てられた吸い殻を拾って吸ったりしてね、惨めでした。そのうち潜伏してるのが地域に知れて、同胞がキムチやらを差し入れてくれるようになりましたけどね」

次の潜伏先は古市《ふるいち》(現在の広島市安佐南区《あさみなみ》)の朝鮮人集落だった。李はそこで社会科学系サークルをつくり、自ら講師を務めた。妻、朴玉順《パクオクスン》(一九三四年生)と出会ったのも古市だ。「もう二二歳でしたし、「そろそろ身を固めろ」と周囲も盛り立ててくれましてね。でも私、逃走犯なんですよ(笑)。寺の本堂で結婚式をしたんですけど、思いのほか人が集まったんで、「これは人民大会にしよう」と誰かが言い出してね」。傍らでインタビューを聞いていた朴玉順が参入する。「なぜか寺の本堂で政治的なアジ演説が始まって……(笑)」

結納写真にはスーツ姿の李と、白いウェディングドレスに身を包んだ朴玉順が凛とした表情で腕を組む姿が収まっている。光加減も絶妙なこの写真は、李が指名手配犯であることを知らぬ写真屋が引き伸ばし、自らの腕前を示すPR作品として長く店頭に飾られていた。

活動の一方で、失業対策事業に檀上喜儀の偽名で登録、土木工事で口に糊した。平和公園南の通称「一〇〇メートル道路」(平和大通り)の工事にも携わった。そのときのこと、真夏の日差しが照りつけるなかでも長袖シャツを脱がない人がいた。朝鮮人である。ある日、李が同胞だと知った彼は、人目を避けてシャツを脱いだ。体中がケロイドだった。軍事工場で働いていて被爆したが、補償もないまま放置されていたのだ。後の活動につながる原体験である。

左翼運動への弾圧と対抗行動は激化していた。火炎瓶が飛び交い、国会には破壊活動防止法が上程され、鵺《ぬえ》のような法解釈をめぐる与野党の対立が激化した。東西対立時代に向けた日本国内の地ならしだった。甚大な犠牲と引き換えに日本社会は「戦争の悲惨」と「反戦・平和」への思いを刻みつけたはずだった。それが敗戦からわずか数年で、核の傘の下、米国の世界戦略を担う道を選択し、反戦・平和は「危険思想」として徹底した弾圧の的になっていく。「戦争反対」を叫ぶ者たちが、次々と不当逮捕や弾圧の対象とされていく第二次安倍政権発足以降の現状が重なる。

広島でも複数の火炎瓶投擲《とうてき》事件が起きた。「血のメーデー」直後の一九五二年五月三日、午前五時のこと、李の潜伏先、古市の朝鮮人集落を一〇〇〇名もの警察官が取り囲んだ。広島で起きた連続火炎瓶事件に絡んだ捜索だった。新聞報道によれば、広島全域での一斉捜索では改造拳銃や実包、匕首など武器類のほか、反戦ビラや機関誌、共産党の軍事組織「中核自衛隊」の名簿や血判状などが押収されたとある。武装闘争時代なのだ。酒税法違反で令状を取って大規模捜索をすれば、「何か」は出てくるのである。

酒税法違反や銃刀法違反、公務執行妨害などでこの日検挙された四一名の中に、指名手配中の李もいた。新聞での「肩書き」は中核自衛隊三〇七部隊員だ。名簿も李の住居から押収されたという。

「家の床下に隠れていたら見つかりましてね、「出てこい」というから拒んで押し問答になったんですけど、「それなら撃つ」というわけです。出ていくと責任者が私の顔を見て、「李実根だ！ 逮捕しろ」です。警察官が大勢でわっと襲いかかって来て、手足を掴まれて抱えあげられ、警察の輸送車に投げ込まれ、そのまま広島拘置所です」

この日午後には古市の朝鮮人約七〇人が広島地検に押しかけ、弾圧に抗議した。逮捕者への面会を拒まれ、庁舎内への立ち入りも阻止された女性たちは、「捜索で頓死した豚の責任をどうとるのか」などと抗議した。「警察が豚を殺すわけがない」という次席検事の反論に怒った女性たちは、運んできた子豚の死体を地検正門前に転がして気勢を上げた。その模様は『中国新聞』に「地検へ〝ブタ〟の抗議」として面白おかしく書かれている。

ヤクザ活動家

占領政策違反で「お尋ね者」とされた李だが、すでに日本は主権を回復、占領政策違反の容疑は失効していた。かわって李が問われたのは火炎瓶事件や、捜索で発見された武器類の所持だった。放火、銃刀法違反、火薬類取締法違反……。当時の新聞に記された李の主な容疑である。「全部でっち上げですよ!」。李は声を荒らげた。取り調べでも全面対決だった。

警察は現政権を護り、検察は体制を護ろうとする。タチが悪かったのは日本の護持者を気取り「共産主義者撲滅」の使命感に燃える検事だった。ある日の運動時間のこと、痩身だが目の鋭い、威圧感のある男に声をかけられた。男は網野光三郎と名乗った。『仁義なき戦い』シリーズで成田三樹夫が演じた松永弘のモデルとなった、広島ヤクザの大物である。網野は言った。「あんたには何の恨みもないし、こんなことをいう義理もないのだが……」。取り調べで李の「転向」を勝ち取れない検事は、共産主義者を根絶やしにするためにヤクザも協力してほしいと、網野に「脅し」を頼んだのだ。「日本の法律では李を処刑できないから、韓国に強制送還して銃殺してもらう」。こんな検事の「伝言」を伝えた後、網野は言った。

「いつまでもその思想をもっておれば、あんた刑が終わっても長崎の大村収容所に連れていかれての、韓国に送られるらしいじゃないか。若いとき、ここで死ぬことはないけん、ここで思想転向せえや」

主義者としての真価が問われていると李は思った。「腹に力込めてね、私も返したんです。「あんたもしヤクザやめろ、親分やめろ言うたらやめるか？」って。そしたら網野さんは「共産党と極道とは違う」って反論したんですけど、「いや違やせんよ。男としてそういうことは言うもんじゃないで」って」

網野は李の堅物ぶりに感心したという。「「さすがに堅い信念もっとるのう、検事があぁ言うだけある」って言われましたよ」。「主義者」の本領発揮である。後述するが、厳しい獄中生活を支えたのは「主義者」としてのプライドだった。別の言い方をすれば「かくあらねばならない」を節目ごとに自分に言い聞かせたから、何とか耐えられたのだ。模範解答を出した学生のような表情で、李は逸話を終えたが、これには続きがある。「自慢する話じゃないから」と渋ったが、続きはこうだ。「最高学府を出た検事がそんな汚い真似をするんかってはらわたが煮えくり返ってね。網野さんに「次は私の伝言を伝えてくれますか？」って頼んで、こう言うたんです。「お前は最低のクズだ。ワシを殺すと言うたらしいが、それは何年もだいぶ先のことになりそうだのう。ワシは外の同志とすぐに連絡つけられるから用心しとれや。火炎瓶が飛んで家もろとも焼き殺されるかもしれんからのう」」

どちらが筋者か分からない。「ヤクザ活動家」の本領発揮である。数日後、網野が打ちとけた表情で近づいてきた。「こないだの李さんの伝言、伝えたら、あいつ、顔が真っ青になって、「冗談じゃけえ、取り消すけえ、気を悪うせんといてくれ」と言うてのう、見とっても可哀そうなほどじゃったけえ、こりゃあ堪えてあげんさいや」。検事への怒りは収まらなかったが、間に入った網野の顔をつぶすわけにはいかない。矛《ほこ》を収めた。

「あそこで動揺したり怯えをみせたら刑務所でも小さくなって暮らしてたと思います。あれで網野さんも「運よく出たら外で遭おう」って」

網野は李より先に娑婆に出た。彼は李の出所(＝生還)をわがことのように喜び、約束通りに祝宴を開いてくれた。極道が共産主義者の出所祝いをしたのだ。臨席者の中には、『仁義なき戦い 完結篇』で北大路欣也が演じた松村保のモデルで、後の三代目共政会会長、山田久もいた。ほどなく渡世を引退、事業家として成功した網野との交友は、彼が亡くなるまで続いた。胆力ときっぷの良さ、場を読む力、そして愛嬌。ここに適度の理不尽さ——この要素だけは李から感じたことはない——が加われば、親分の資質十分である。実際、その筋からのスカウトも何度かあったようだ。

脅しだけではない。「転向」を勝ち取れない当局者は、こんな懐柔策まで提示したという。「「もしオナゴが要りゃあのお、ワシがこの監房の中に連れてきちゃるけん」なんて言われてね、そんな人を馬鹿にしたことがあるかって余計に腹が立ってね」。執拗な「転向要請」をはねつけてきた李にとって、「朝鮮籍」とは非転向の証である。

塀の内と外

さて、外の世界では連日の抗議活動がなされ、一〇日後に、李ら四人の勾留理由開示公判が開かれた。広島地裁の大法廷は活動家で埋め尽くされた。「裁判所は運動側と話し合い、釈放で話がついていたみたいです」(李)。だが裁判長は尋問を終えると閉廷を宣言、廷内は一瞬で怒号の海となった。

「愛国者は無罪だ」「釈放しろ」「約束が違う」——。裁判官が法廷から逃げ出そうとすると、傍聴者が押し寄せ、柵が決壊した。看守は自らの手錠を嵌められた。検事や裁判官は傍聴者に取り押さえられた。「いつの間にか私たちは抱え上げられていて、そのまま後ろに運ばれて法廷の外に出ていました。廊下を見回すと誰もいないんです。今さら牢獄に戻るのも変なので逃げました」。当時の新聞各紙でも取り上げられた前代未聞の奪取劇である。地元紙には柵が倒れ、椅子が散乱した法廷内の写真が掲載されている。各地を転々としたが、約一カ月後、逮捕された。後に判明したが、組織内に情報提供者がいたのである。李の潜伏情報にはかなりの高値がついていたという。

三度目の逮捕である。罪名には「逃亡罪」が加わり、三カ月後に懲役一五年が求刑された。判決期日はその一カ月後である。異常なスピード審理だ。李は言う。「ロクな証拠もないから判決を急いだんですよ」。憤りと不安で迎えた判決。李の言葉を裏づけるように、広島地裁が言い渡した判決は何と懲役五年だった。数々の罪名をかき集めてこれである。求刑の半分の判決でも検察的には「敗北」である。三分の一はありえない。ましてや公安事件である。検察に配慮して無罪だけは避けたのだろうが、事実上、無罪といってもいい。いかにも無理筋の逮捕、起訴、そして求刑だったのだ。

そして当然というか、ここでもまた李はやらかしたのである。騒然となった法廷で、傍聴席を見ると、旧知の共産党員が李に何かを叫んでいた。「注意して聞いてみたら、「李ぃくん！ 万歳やっ！」って叫んでいるわけですよ。何が「万歳」なのか、わけが分からない。この人は何を言うとるんやろと思いましたね」

——それでどうしたんですか？

「いや、若かったし、ついやっちゃったんですよ。四人で「日本共産党、ばんざーい！」って。それも三回(笑)」

繰り返すが、検察的には「完敗」「赤っ恥」の判決だ。加えて究極の秩序維持の場で、体制への反逆者が「万歳三唱」である。検察はもちろん、御仲間に恥をかかせてまで下した「短い量刑」で李に配慮したつもりの裁判官にしても、これは許せない行為だった。検察は控訴、控訴審では懲役七年の判決を言い渡された。万歳三唱で二年の「オマケ」である。それでも求刑の半分以下だったが、最高裁で実刑が確定した。「「バカじゃないのか」って、妻の両親からも滅茶苦茶に言われましたね(笑)」

初犯で七年以下の量刑だった李は、短期受刑者の多い山口刑務所に送られた。告げられていた時間よりはるかに早い時間に広島拘置所から連れ出されたときは、「たまらなく不安になった」という。実際は奪還警戒だったのだが、検事の「脅し」が頭をよぎったのだ。

当然ながら李は要注意人物だった。食事のとき、食器の当たる音をさせたことを「理由」に、年老いた同胞男性が看守に滅多打ちにされた事件を巡り、さっそく「刑務所内の民主化」を刑務所幹部に直訴、弁護士を通じ刑事告発を宣言した。「おとなしくすれば一日も早く仮釈放できる」とのお決まりの懐柔策にも言い切った。「自分のことはどうでもいいし、生きて帰ろうとも思ってない。私はそういう人間です。共産主義者とはそういうもんだ」。猛々しく聞こえるかもしれないが、それがないともたなかったのだと思う。「「民族と祖国のためには死んでも仕方ない」と思ったら、気が楽になりました」という一方で、李は当時の苦悩をも述懐した。「一人息子でしょ、親のことを思うとね。それに新婚の妻もいるわけですよ。可哀そうなことしてるなと。でも「負けちゃいけない」という思いがあって、つねに自分の中で内部争いがあったですね」

李はこれで広島刑務所に移送された。

そこでもつねに「転向」の二文字が大きな口を開けていた。読書といえば社会科学系だった李だが、このころ大量の文学を差し入れてもらい、むさぼるように読み始める。「マルクスやレーニンの理論書はそれまでも読んでいたけど、はるかに感銘を受けましたね。印象深いのはゴーリキーの『母』とかオストロフスキーの『鋼鉄はいかに鍛えられたか』。小林多喜二の『蟹工船』や石川啄木の詩とか……」。国家を背景にした看守との絶対的な力関係を受け入れ、敗北を食らうことを迫られる日々のなかで、李が縁にしたのが「文学」だった。

刑務所内でのネットワークも築いていった。月一回、講堂で開かれる芸能や映画上映会が情報交換の場になった。「映画のときが最適でした。電気が消えたら寄り合いましてね、外の話を次々と仕入れていくんです」。新規入所者の情報を中心に、トイレ用の紙に鉛筆で小さな字を書き込んだ獄中新聞もつくった。「そうしていると「赤狩り」の勢いも弱まってきたのが実感できる。生きて戻れるかもしれないと思い始めました」。所内での処遇ランクも上がっていく。藁を噛むような麦飯に具のない「小便汁」だったメシは、御櫃《おひつ》一杯のご飯になった。毎日の面会もOKになり、読書の制約も大幅に緩和された。

「あの経験があるから私は大丈夫」と李は言う。だがそれでは済まない影響もあったようだ。朴玉順は言う。「刑務所で(自らの信念に)洗脳されたみたいです。元々器用な人ではなかったけど、出所後は前よりさらにコチコチになりましたね。話が通じないこともあって、それは今に至るまで抜けきらないです」。二〇代の多感な時期を刑務所の中で、しかも国家権力はもちろん、ヤクザをはじめとした他の受刑者との緊張関係や強制送還＝処刑の不安の中で過ごした経験は、李の中に消し去れぬ影響を与えたということだ。出獄後の後先考えぬ猪突猛進は、獄中生活で自己暗示を繰り返した結果かもしれない。

帰国事業から朝鮮人被爆者救援活動へ

一九五九年一月、足かけ八年の獄中生活を終えた。朝鮮戦争が休戦し、左派朝鮮人の運動が一国一党から祖国直結になったことは知っていた。だからこそ李は朝鮮語で挨拶を準備し、出迎えの活動家に連れられ事務所に戻り、朝鮮語と日本語で挨拶した。ねぎらいの言葉を受け、ご馳走を食べると、「生還」の二文字が実感として湧いてきた。「言葉にできないですよ、うれしかったです」

だが李は浦島太郎だった。知識としては知りつつも、運動の変化は予想以上だった。李の自伝『プライド』(二〇〇六年、汐文社)には路線転換についてこう記されている。「かつては共産党と朝鮮人組織がごっちゃになって、わけの分からない中央からの方針が流れていたが、今では朝鮮人は朝鮮人組織、日本人は日本人組織になっていた。あの頃日本共産党の中にあった民族対策部もなくなって、日本の政治に干渉するなということになっていた。朝鮮人側の「日本の再軍備反対」という活動もしてはいけないということだった。お互いが平等互恵の立場で、兄弟として仲良くやっていこうという世の中に変わっていた。そう、時代は変わったのだった」

どこか自らに言い聞かせているように感じるのは私だけだろうか。五全協路線を忠実に実行し、逃亡、刑務所生活を強いられた李にとってみれば、祖国、民族を前面に打ち出す方針は全面的に賛同するものだったが、スイッチが切り替わるようには適応できない。武装闘争で支払った犠牲への反動でもある「内政不干渉」などの新方針に、李は困惑の極にあったようだ。ある人が当時、李から受け取った手紙には、急激な変化への戸惑い、さらには「自分は身を引いた方がいい人間なのでは」との苦悩が綴られていたという。広島総連の組織部副部長として迎えられた李は、「揺れ」を振り払うかのように活動に没頭していく。

その一つがほどなく始まった「帰国事業」である。李は広島から新潟に「帰国者」を送り届ける役割を一年ほど担った。「やっぱりね、困ってるモンを助けると主席が言ってくれるわけですよ。そこまで民族のことを考えてくれてるんだとうれしかったですよ。祖国が助けてくれるなら困った人を一日でも早く、一人でも多く帰国させようと思ってやりました。結果的に受け入れる力がないのに受け入れたわけですけど、私たちの未熟だったんだと思います……でもね、港で見送ったら二度と会えないなんて思いは当時、なかったですよ。一抹の寂しさはあるけど、普通に遊びに行ったらまた会えると思っていた」

だが帰国者との連絡はままならなかった。「一体どうなっているんだと」。そんな折、ある同胞から言われた。「お前がいらんこと言うから親戚が帰ったけど、飯も食えんで苦労しとるらしいぞ……」。再会を約束しながら見送った何人もの顔が目に浮かんだ。被爆者の存在も気になっていた。帰国事業で広島から渡った人は計二〇五五人、かなりの被爆者が含まれているはずだった。訪朝する日本人議員らに頼んで朝鮮対外文化連絡協会(主に非政府間の国際交流を担当するＤＰＲＫの外交組織)に問い合わせてもらっても、「日本から来た人に原爆被害者は存在しない」との答えが返ってきた。「何か嫌な感じがしましたね」。自分で確かめるしかなかった。

青年団体を経て一九六四年、広島の朝鮮商工会に移り、一年もしないうちに理事長になった。組織の財政を担う要職だが、李の内面にはある思いが膨らんでいく。「日本人の悲劇」から排除された旧植民地出身者、とりわけ在日朝鮮人被爆者の救済、そして在朝被爆者の実態解明である。多忙を極める日常の中で、具体的な行動はままならなかったが、一九六五年、『中国新聞』に在韓被爆者に取材した初の連載記事が掲載された。筆者は平岡敬(後の広島市長)である。一九六七年には韓国で被爆者団体が誕生した。「では朝鮮人は？　共和国は？」。焦りがつのった。一九七五年、組織に団体結成を提案したが、出てきたのは異論だった。「「今は祖国統一が最優先」というわけですよ。それも大事だけど目の前の被爆者の救援運動もしないといけないでしょと言うたんですが……」

ここで断念しないのが李の真骨頂である。知遇を得ていた在日朝鮮人被爆者たちに相談すると、視野が開けた。「「私たちでつくればいい」と。そりゃそうだと思い、この年の八月二日、広島県朝鮮人被爆者協議会(広島朝被協)を結成しました」。結成には一三〇人が集まり、李が会長になった。続いて一九七九年には長崎で組織をつくり、一九八〇年には全国組織になった。商工会理事長は一九七五年末に自ら辞した。「まあ組織におるといろいろとありまして」と、李は多くを語らないが、「本来とは違う活動」にのめりこむ理事長は、組織内で浮き上がっていたようだ。一本気ゆえの結果だったかもしれない。

「日本国民の悲劇」

結成後に取り組んだのは在広島朝鮮人被爆者の実態調査だった。徐々に注目を集め、一九七九年には在日朝鮮人被爆者の聴き取り集『白いチョゴリの被爆者』(労働旬報社)を出版する。前年の一九七八年には第一回国連軍縮特別総会が開かれることになり、日本から五〇〇人が参加することになった。李も参加を希望したが、DPRKと米国は休戦状態にある。若き日のビラまき事件の影響もあり厳しいかと思われた。しかし嘆願書や署名を駐日米国大使に送るなどした結果、ビザが出た。朝鮮籍で、しかもDPRK国籍保有を公言する人物がアメリカに入国するのは前代未聞のことだった。DPRK在外公民としての訪米をことのほか喜んだのは、総連議長の韓徳銖《ハンドクス》だった。「成田に行く前、総連本部に来れないかと連絡ありました。行って議長と会うとすごく喜んでてね。どうやって入国できたのかとかいろいろと質問されて、私ともう一人の在日渡航者にそれぞれ一〇万円のカンパをくれましたね」

李の立場は「日本国民代表団」のオブザーバーだった。そこで痛感したのは日本人被爆者団体の「国民主義」だった。「自分たちの行動計画ありきで、ついている私たちのことは意中にないわけです。同行取材のメディアや日本ジャーナリスト会議のメンバーに事情を話したら、アメリカのメディアを対象に記者会見を設定してくれました。それで在米韓国人やアメリカの平和団体と交流することができたんです」

当時、被爆者とは日本国民であり、原爆投下は日本人の悲劇以外の何物でもなかった。日本のメディアで初めて在韓被爆者の存在を記事にし、なぜ朝鮮人被爆者がいるのかを世に問うた平岡敬も言う。

「一回目に韓国取材して書いた後、随分、被爆者団体から非難されましたよ。植民地支配の責任を書いたら、「我々は被害者である」というわけです。欧米に訴えるばかりでアジアに目が向いていない。アジアで日本が被害者だと言っても通じませんよ。二年後に行ったときは向こうで被爆者団体が結成されたので、帰ってきて原水禁に「連携すべきだ」と訴えると、「(在外被爆者まで加えると)援護費が減る」なんて言う。私は怒ってしまいました。パイが少ないのなら運動で増やせばいいだけじゃないですか! 朝鮮の被害者を排除する、差別意識があるんですよ」

植民地出身被爆者の問題に運動圏の目が向き始めたのは一九七〇年代のこと。被爆医療を求める韓国人の密航事案が続き、その一人で、身柄を拘束されていた孫振斗《ソンジンドゥ》が被爆者健康手帳交付と退去強制の無効を訴えて裁判を起こしたことだ。「孫さんの(手帳)裁判が最高裁で確定した一九七八年以降になって、ようやく運動体の意識が変わり始めていったと思う」(平岡)。だが、それはあくまでも平和運動家レベルの話である。

八月六日の「平和宣言」に加害、植民地支配などの言葉が明示的に登場したのは、平岡が市長になった一九九一年以降の数年間だけ。原爆忌の式典に在外被爆者が初めて招待されたのは被爆からじつに半世紀を経た一九九五年のことである。原爆投下はあくまで「日本国民の悲劇」であり、加害の「やましさ」をも除去するフィルターとして存在していた。自らの責任を無視して語られる「平和」にいかほどの説得力があるのだろうか。そして二〇一三年の原爆忌で「私たち日本人は、唯一の、戦争被爆国民」と臆面もなく口にした安倍晋三は、二〇一四年、一五年の式典でも「唯一の戦争被爆国」と言い続けた。

二〇一一年に李と話したとき、彼が打ち明けた痛恨事がある。その数年前、平和記念公園で韓国語が聞こえてくるので目を凝らすと、修学旅行生のような少年少女の一団がいた。訊けば大邱《テグ》から来たという。感想を訊くと子どもたちはこう言った。「あと何発か原爆を落として日本を滅亡させればよかった」。理由を尋ねると子どもたちは言った。「(韓国人)慰霊碑が公園の隅っこにおかれている。死んでからも差別している」と。李は、原爆の恐ろしさや無差別攻撃の罪深さなどを語り聞かせ、「行き過ぎた言葉」を撤回させた上で、「いつかの再会」を約束して別れた。朝鮮民族の一員として、李は慰霊の地で発せられた同胞の「暴言」にある種の責任を感じてたしなめたのだが、私が思ったのは別のことだ。子どもにも、あるいは子どもだからこそ言える、「加害の忘却」「過去との切断」という「ヒロシマの欺瞞」がそこにあったのだ。想起したのは栗原貞子の詩「ヒロシマというとき」だった。

〈ヒロシマ〉といえば
〈ああ　ヒロシマ〉とやさしくは
返ってこない
アジアの国々の死者たちや無告の民が
いっせいに犯されたものの怒りを
噴き出すのだ
〈ヒロシマ〉といえば
〈ああ　ヒロシマ〉と

やさしくかえってくるためには
捨てた筈の武器を　ほんとうに
捨てねばならない
異国の基地を撤去せねばならない
その日までヒロシマは
残酷と不信のにがい都市だ
私たちは潜在する放射能に
灼かれるパリアだ

〈ヒロシマ〉といえば
〈ああ　ヒロシマ〉と
やさしいこたえがかえって来るためには
わたしたちは
わたしたちの汚れた手を
きよめねばならない

汚れた手は清められていない。そればかりかこの国は、捨てたと言ったはずの武器を堂々と手に掲げ、異国の軍隊と共に戦争へと踏み出そうとしている。

訪朝

さて、李は持ち前の馬力と突破力で活動を進め、道なき道を切り開いていった。一九八二年には日本被団協の「欧州への旅」の一員として、ソ連、チェコスロバキア、東独、ハンガリーを訪問した。翌年にはやはり欧州に一カ月の講演旅行をした。幾度かの全面核戦争の危機を経て、反核運動が高まる一方、一九八五年にはソ連にゴルバチョフ政権が誕生し、新たな時代に向けた地殻変動が始まっていた。二年後には米ソ両国間で中距離核戦力(INF)全廃条約が結ばれ、具体的な核廃絶の歩みが始まった。

この年、李は思い焦がれてきたDPRKを初訪問した。「被団協からソ連に派遣された帰りです。モスクワの共和国の大使館に行って、「私は在日なんですけど平壌に行きたい」と言ったら二つ返事で「寄って下さい」って。モスクワから平壌までの飛行機代を訊いたら一万五〇〇〇円じゃと。安いなあと思って、よっしゃよっしゃ、手続き取ってくれと。それで平壌に入ったわけ」

建国に歓喜し、生きる縁であり続けた祖国への初訪問だった。だが、それは、ほろ苦い思い出となる。「飛行場降りたら案内人というのがついて、ホテルに着いたら根掘り葉掘り調べるんですわ。私は軽く「我が国に寄って帰ろう」と思っても向こうは違う。モスクワに行ったから共和国に寄ろう、なんて考える在日はいなかったわけですから、怪しい奴だと思ったんでしょうね。商工会の理事長なら、総連に問い合わせて大丈夫だったと思いますけど、被爆者団体なんて独立した組織と認識されていないから何者だって。もちろん戦時体制下ですから仕方ない面もありますが、まるで取り調べ。まあ尋問は日本で受けてますから慣れてるといえば慣れてるけど、自分が思っていた祖国はこんなんなのかと」。燃えるような思いでいたのが不信感や憤懣に変わっていく。「それでも尋問するから終いには……」

――どうしたんですか？

「黙秘権を行使しましたよ。日本で経験してるから(笑)。「もう私は喋らん。もう言いたないから勝手に朝まででも質問しとれっ！」ってね」

今でも笑いに包まないと語れないほどショックな体験だったのだろう。

「これが初めて来た祖国かと。なんかがっかりしましてね。もう帰りたいと思って「便はないのか」と訊くと、万景峰《マンギョンボン》号が出るからと。「じゃあ明日帰るから手続きしてくれ」と言ったら向こうも安心したみたいでね、帰りの船ではなけなしの金をはたいて呑めるだけ呑みました。なぜ祖国は民族にこうなのか。プライドもって人のために頑張ってるのに、何で……って。「もう二度と来んわ！」って思いながらね」

だが、李の身体はもはや自分だけのものではない。再訪の機会はすぐに巡ってきた。二年後の一九八九年、「被爆教師の会」にいた友人と李に招待が来た。「第一三回世界青年学生祭典への招待でした。社会主義圏の青年たちが集まるので、「そこで演説をしてほしい」とのことでした。何か持っていかなと思って、平和公園の灯をランプに入れて持っていってね。演説したらそれが平壌放送で流れたんです」。それが思わぬ効果をもたらした。翌日の早朝、一〇人ほどの「帰国者」が李の宿泊先を訪ねてきた。これまでいないと聞いていた在朝被爆者だった。「「生きとるやないか」「おるやないか」って」。謝罪と補償の義務を有する日本は「国交の不在」を理由に実態すら把握しようとせず、国内では十分な医療が受けられない……。口を衝く苦境の数々を耳にしながら、李は在朝被爆者の援護を決意した。「これからですよ、在朝被爆者の存在に関心が高まったのは」

日本国内外で在朝被爆者の存在を訴えて歩いた。ＤＰＲＫにも被爆者団体が必要だった。まずは実態をと一九九二年、朝鮮新報社を介してアンケート用紙一万枚をＤＰＲＫに送った。「大事な仕事です。送りっぱなし、頼みっぱなしは道義的に問題だと思って」、三度目の訪問をした。被爆への認識は少しずつ変わっていた。対応したのは当時の朝鮮労働党ナンバー3の金容淳《キムヨンスン》だった。「説明してお願いすると、「私が責任を持ってやります」と言ってくれました」。その後、二年かけて調査が行われた。その段階で九二八人の生存被爆者の存在が掘り起こされた。死去した者を入れればＤＰＲＫの被爆者は少なくとも一九五三人に達していた。それを基に一九九五年、「反核平和のための朝鮮原爆被害者協会」が結成された。そして一九九九年、同協会が主催して、平壌で初めての原爆写真展が開催された。平壌市民の反響は大きく、当初六日だった会期は二週間近く延長された。「やはり朝鮮戦争時に原爆投下で脅しをかけられたときの経験なんでしょうね。「原爆など張り子の虎だ」的感覚が根強い。だから実際に写真を見てもらう意味は大きかった」。翌年には、在朝被爆者代表団が初めて公式に来日、小渕恵三首相、野中広務幹事長代理らが面談した。画期的な成果だった。

国会議員や弁護士をＤＰＲＫに案内し、とにかく実情を訴えた。二〇〇二年、日弁連による在朝被爆者への聴き取り調査では、弁護士たちの質問に被爆者らが「無償治療に満足している。何も要求するものはない」と答えたことに対し、「そんな形式的な答えを聞きにきたのではない！」と激怒、当時のDPRKの医療水準では十分な医療を受けられていない現状はもちろん、何より被爆者の原因を作った日本政府への謝罪と補償を求める「本音」を引き出して、周囲を唖然とさせた。必死だった。

宙に浮く言葉

目まぐるしく状況が変わっていった二〇〇一年七月、李は韓国の市民団体から招聘を受け、父母の故郷である韓国に足を踏み入れた。在韓被爆者と交流し、在朝被爆者との格差に愕然とした。「一九九〇年の段階で、日本政府は在韓被爆者に人道的措置として四〇億円の拠出を表明していました。それに在韓被爆者については渡日治療もされていました。一方で在朝被爆者に対して日本政府は「国交がなく実態が分からない」と放置ですよ。日本政府の調査も二〇〇一年の一回きりです。この態度の違いは何なのかと」。在韓被爆者への拠出は九一年と九三年になされたが、DPRK被爆者には何もなされぬままだ。一方で南北両国での被爆者の立場には共通するものを感じたともいう。

「やはりどちらの国でも、戦争被害とは朝鮮戦争の被害を指すわけですよ。植民地時代、「国が奪われた大変な時期に日本に渡っておいて何の被害か！」的な空気があるとは双方で聞きました。「ましてや朝鮮戦争という民族の悲劇が起きていたとき、祖国にいなかったじゃないか」とね。そんななかで被害を訴え難かった歴史は共通してましたね」

初訪韓では父の故郷にも赴いた。そのときの印象を訊くと厳しい表情が少し緩んだ。「父親の許可も受けずに行きましたよ(笑)。父や母がどういう場所でどういう生活をしていたのかと。行くと平和で静かないいとこでした。納得したし、先祖の郷里を確認して、新しい「誇り」を持つことができま

京都からの被爆者を迎える。広島市西区の介護施設「ありらんの家」で。2016年10月12日

した。でもそこは父の郷里であって、私の故郷ではないですよ。私がなぜ日本で生まれ、育ったか。その経緯に引っかかりはあるけど、だからこそそこが私の故郷です。山口で生まれたことは忘れてはいけないし、大事にせねばと思っています」

——では祖国とは？

「今は分断してますし、私は共和国の国籍ですけど、「祖国」と言われればワンコリアですよ。私が講演とかで「朝鮮人」と呼称するのも、統一祖国のイメージであり、民族の名称です」

李はその後、計四度、訪韓し、二〇〇五年には国会議員会館で演説をした。

「私は貧しい、つまらん人間ですけど、朝鮮人としてのプライドを持って、曲げず、おもねらずに生きてきたつもり。これが誇りです。朝鮮人として生まれ、民族と祖国を取り返して生きてきた。朝鮮籍でいるのは別に大した理由じゃない。後でできた韓国に替える必要はないし、ましてや日本に替えるなんてありえません。韓国にだってアメリカにだって堂々と朝鮮籍で、朝鮮民主主義人民共和国の国籍で入りました。私のプライドですよ。それに私は共和国に人を送ったわけです、私は絶対に生き方を変えるわけにはいかない」

無我夢中の四〇年間、気が付けば二五回、DPRKを訪れていた。居間のテレビの上には現在のところ最後の訪米となる二〇一一年、国連本部で潘基文《パンギムン》国連事務総長と握手する写真が飾ってある。

「やることはやりましたよ」。伏し目がちに李が言うと、傍らの朴玉順が、夫の語れぬ胸の内を汲み取り、言った。「でも四〇年やっても本質的にはなーんも変わらんかったね」

九〇年代、動き始めたかにみえた事態は膠着した。一方で拉致問題が発覚し、またしても「国民の悲劇」が「他者に与えた痛み」を駆逐していった。そして対北強硬一辺倒で権力の階段を駆け上がった安倍晋三が再登板し、「歴史的責任」はおろか、「人道」の言葉にすら事態打開の力はない。「生きている間に助けてほしい」「最期の私の願いを聞き届けてください」――。DPRKからの手紙に刻み込まれた在朝被爆者たちの言葉の数々は今も宙に浮いたまま、一人また一人、手遅れになっていく。

しばしの沈黙の後、李が顔を上げてつぶやいた。「時間切れになる前に、怒りや無念を解いてほしいんですよ。あなたにもこの問題を歴史的背景も含めてしっかりと書いてほしい。そうすれば先立った同胞たちも笑いながら手を振ってくれると思うんですよ」

6　文学は政治を凌駕する
——金石範

私はあくまで統一祖国を求める。実現すれば
そこの国籍をとり、国民となる。
ただしそのとき、私はもはや民族主義者ではない

金石範……キムソクポム
一九二五年、大阪生まれ。統一祖国を求め、あらゆる政治との非妥協を貫き創作に取り組んできた。一九五一年、対馬での避難民との出会いを契機に「済州島四・三」の虜囚となり、二〇年がかりで大長編小説『火山島』全七巻を完成させた。他の小説に『鴉の死』『万徳幽霊奇譚』『地底の太陽』、評論に『「在日」の思想』『転向と親日派』など多数。第一回済州四・三平和賞の受賞者でもある。
【写真】東京都台東区の上野公園で。二〇一六年三月一六日

私たちは、死者に正義を還さなければならない——P・シャモワゾー

東京・吉祥寺の成蹊大学に着いたのは、シンポジウム開始のおよそ二〇分前だった。同じバスから飛び出した中年の男女が、冷たい雨のなかを傘も差さずに教室棟へと駆けていく。三階の大講義室はすでにほぼ満席で、何かせり上がるような空気で満ちていた。長らく絶版だった金石範《キムソクポム》著『火山島』全七巻がオン・デマンド版（注文印刷）で復刊される運びとなり、それを記念して、二〇一五年一一月八日、シンポ「戦後日本語文学と金石範『火山島』」が開かれるのだ。

「済州島四・三事件」——。米軍政下で抑圧された済州島の島民らが、分断固定化に繋がる南朝鮮単独選挙に反対して武装蜂起した。これに対し、米軍政指揮の下で大弾圧がなされ、朝鮮戦争を挟む六年余で、少なくとも島民の一割を超える約三万人が虐殺されたジェノサイドである。米国の世界戦略を担う「反共国家—韓国」成立の過程で「アカの島」とされた済州島の人びとが殺戮された。犠牲者は韓国の国家アイデンティティ確立の人柱だった。建国の正統性に直結するゆえ、「四・三」は長く韓国社会でタブーとされ、蜂起者の生き残りや遺族と分かれば公務員になれないなど、関係者は様々な社会的差別を受けてきた。

この現代史上の悲劇を背景にした一万一〇〇〇枚もの大長編小説が満を持して復活するのだ。この少し前には、ついに韓国でも『火山島』全巻が刊行された。これはまさしく東アジア文学史上の事件

である。加えればその約一カ月前の一〇月二日、金は九〇歳の誕生日を迎えていた。だが教室内には、単なる「お祝い」とは異質な張りつめた空気が漂っていた。おそらくは「政治」の問題である。ソウルの東国大学で一〇月一六日に開かれる『火山島』刊行記念シンポに出席するため金が申請していた入国許可が、韓国当局から拒否されたのだ。分断国家の一方、「韓国籍」を拒否し、国家による裏付けのない「朝鮮籍」を堅持したままで、金は計一三回の故国行を勝ち取ってきた。それは観念としての朝鮮籍で、権力と対峙してきた金の思想的闘争の軌跡だった。

面談や電話、ときには近しい者を通じて、韓国側から入国許可の交換条件が提示されてくる。「韓国籍への変更」や、「政権に対する批判的言動の自粛」……。一切の取引を拒否すれば、出発寸前まで入国の可否を出さず、精神的な揺さぶりをかけてくる。拒否されることもあれば、出発予定日当日になって入国許可が下りたこともあった。

執筆には不可欠な冷静な思考を乱され、生来の不眠症を悪化させながらも、金は権力との神経戦に挑み、朝鮮籍のままで堂々と入国し、はばかることなく「四・三は「暴動」でも「暴徒」でもない。外勢と民族反逆者の支配に対する民衆蜂起であり義挙である」と語り、「四・三の究明、解放なくして韓国の民主化はない」と繰り返してきた。入国するたびに「これが最後かも」との思いで刻み付けてきた紀行文の数々は、奪われた故郷を取り戻す営為の積み重ねでもあった。その金が、「年齢的にもこれが最後」と位置付けていた今回の故国行は、国家権力によって阻まれた。

『火山島』第一部三巻が、当局の妨害をかいくぐって韓国で刊行された一九八八年春にも、出版を記念する集会に出席するために入国申請したが、拒まれている。このときの理由は、朝鮮総連の機関紙記者などの経歴と、朝鮮籍であることだった。今回の理由は明かされていないが、金は二〇一五年四月、最初の受賞者となった「第一回済州四・三平和賞」授賞式で、「李承晩《イスンマン》政権は、親日派、民族反逆者を基盤にした政権」であり、「三・一独立運動でできた臨時政府の流れを汲むものではない」などと演説、右翼や保守系紙が猛反発した。これに起因していることは想像するに難くなかった。

おびただしい犠牲で勝ち取られた韓国民主化と、金大中《キムデジュン》、盧武鉉《ノムヒョン》と続いた革新政権に対するバックラッシュの現実が、金の入国拒否である。「国家権力との緊張関係」という金石範文学の本質が、この問題を通じて前景にせり出してきていた。金石範を読むとは、権力との緊張関係の最前線に自らの躰を置くことにほかならない。「いま、金石範を読むとは如何なることか」と問う者たちの覚悟が大講義室の緊張感を醸し出していた。

「喪失」という原点

シンポのひと月前、私は本稿の補足取材のお願いで金に電話をしていた。不許可通知が金に届く前日のことだ。すでに許可が出ていると見越して電話をかけたのだが、可否はまだ出ていなかった。最悪のタイミングである。宙吊りにされた金はいら立ちを隠さなかった。「文言(のニュアンス)の確認なんかは貴方のほうで適当に判断してやっといてよ!」「(許可は)大丈夫と思うけど、待たされると不安なのよ。いや不安というより心配なの、仕事に直結するのよ!」。予定では、ソウルでのシンポの後、生涯のテーマである済州島に飛び、何日か故郷に滞在したのち、六〇年以上前、四・三事件の避難民と出会った対馬をめぐって日本に戻る。金石範文学誕生のトポスへの再訪は、新たな創作へのステップになるはずだった。

以前にインタビューしたとき、金は、作家が現地を訪れることの意味をこう語った。「やはり一番辛いのは、現地へ行けないこと。単に取材的なことじゃないんですよ。風景にふれたり、故郷の匂い、海の匂い、土を踏むだけでね、作家の感覚的なものがね、中で膨らんでくるわけです。それすらできなかったわけですから」

日々の狂おしさはいかばかりだったか。『火山島』で大佛次郎賞を受賞した一九八四年には、賞を主宰する朝日新聞の社外特派員として、済州島を取材する計画が持ち上がったが、金を入国させるための韓国サイドとの交渉の煩雑さに新聞社側が音を上げ、この話は結局立ち消えになった。そのときは、上陸が無理ならせめて空から島の姿を見たいと、新聞社のセスナで済州島に近づいたが、呪わしいことに天候が急変した。「できれば済州島行ってね、四・三関係の人に話聞きたいし、話は話として済州島の土踏みたいですよ。でもできないからせめてと傍まで行ってもらったんですけどね……、雨でね、霞んでほとんど見えないのよ(笑)」。今だからこそ、笑いに包んで語れるのだろう。座席から身を乗り出し、視界を遮るように雨の飛沫がまとわりつくセスナの窓に顔を押し付け、かろうじてそれと分かる島影を目に焼き付けようとする金の姿を想像した。申請が通り「故国行」が叶ったのは一九八八年一一月、米軍政下のソウルを離れて以来、じつに四二年ぶりのことだった。

九〇歳を迎えたこの期に及んで入国拒否という陰惨な仕打ちを受けた胸中は察するに余りあった。彼はどんな顔でこの会場に入ってくるのか、私は何と挨拶すればいいのか……。

しかし、同時に思った。金石範にとっては「それすらできなかった」状態が出発点なのである。そもそも一九二五年に大阪で生まれ、幼少期の大半を猪飼野で過ごしている。少年期に半年ほど滞在した程度の済州島体験を基に、やがて『火山島』へと至ることになる「鴉の死」や「看守朴書房」、「万徳幽霊奇譚」などの短編、中編を書き上げただけでなく、『火山島』第一部四五〇〇枚を生み出し、第二部をもスタートさせていた。

体験もせず、現地の土を踏めない世界を作家の想像力で構築していく。私小説的なリアリズムでは執筆が不可能な状況の要請として、日本文学や在日文学の中でも特異な金石範の文学スタイルが誕生した。別の言い方をすれば、金石範の原点は「喪失」であり、権力に奪われたものを想像力で取り返す営為が膨大な作品群に結実したのである。作家の想像力はときに、四・三という出来事の事実の深みと重みに凌駕されてしまうが、金はその「至らなさ」にも誠実に向き合い、これまでの作品を補い、補填してきた。『火山島』以降も次々に生み出され続けてきた小説の数々は、その結晶である。

金は、サルトルや野間宏が提唱した「全体小説」(野間の定義では、社会的、心理的、生理的の側面から人間を総合的に描く)の具現者ゆえに――金の場合、そこに「無意識的」という独自の要素が入る――、「アンチ私小説」の文脈で語られることも少なくないが、彼自身は私小説それ自体を否定しているわけではない。ただ、まるで純粋な「個」が存在するかのように他者との関わりを描かず、政治性や社会性を排する行為に文学的な純粋さを見出す発想を批判しているのだ。「個を突き詰めれば必ず個を抜けて普遍に行きつくのよ」と金は言う。そしてこの「普遍性」とは、「「世界文学」の定義とは何か？」と金に訊いたとき、彼が挙げた第一の条件である。

「祝いの場」

会場に金が入って来た。元々色白な顔がさらに白い。普段の、特に酒席での磊落さとは程遠い緊張した面持ちで、前だけを見て、まるで漂うように歩いている。高所恐怖症の少年が、前だけを見つめて吊り橋をそろりと渡る。そんな感じである。発起人の一人で済州島出身の詩人、李静和《リジョンファ》らに促され、向かって右端の最前列、私の斜め前に腰を下ろす。次々と知人、友人らが挨拶にくる。言葉を返し握手をするが、どこか上の空である。突然、振り返った金と目が合った。立ち上がり会釈すると、こわばった顔に笑みを浮かべた。

組織から離れ、四〇代に入って本格的な作家生活を始めた金石範は、遅れてきた借りを返すかの勢いで夥しい作品群を発表してきた。小説や政治評論、紀行文……。改定版や文庫版を除いても、著書は四〇冊を超える。だが金は言う。「私の数少ない自慢は、一部の例外を除いて出版記念会をしてこなかったことなんだよ(笑)」。詩人、金時鐘《キムシジョン》との対談本で、裏方をねぎらうための宴席を提案したことはあったが、それも上野の朝鮮料理屋でのささやかな慰労会である。自らの出版を「寿《ことほ》ぐ場」は原則、断り続けてきた。

そもそも作家先生として仰がれることに生理的な反発がある。たとえば金は「先生」と呼ばれるのを極端に嫌う。私も一度、ドスの効いた声で「先生と呼ぶのだけはやめてくれ」と念押しされた経験がある。謙虚以前に極度の照れ屋なのだ。若いときは赤面症で、対人恐怖症気味だったという。一九五〇年代、金は仙台市に拠点のある、朝鮮民主主義人民共和国(DPRK)系の非公然組織に入ったことがあった。組織から割り当てられた仕事は地方新聞の広告取りだったが、「外交」に終始する業務内容にどうしても慣れることができず、神経症気味になって離脱した経験を持つ。人前で話すのも大の苦手である。「出版記念会をするとね、前に出て挨拶しないといけなくなる」。これが祝いの場を拒む大きな理由だった。今回のシンポを前に、ある酒席で私が「関西でも同じような企画をやりたいという人がいると思う」と言うと、何を聞き間違ったのか突然狼狽し、逆「ハ」の字の眉の間に縦皺を寄せ、「誰がそんなこと言ってるんだっ！」と詰め寄ってきた。誰かの名前でも出そうものなら、私の携帯をむしり取り、その場で抗議の電話をしかねない勢いだった。

極端にシャイな性格ゆえだが、出版記念会を拒む金の最も深い理由はそこではないと思う。チョントル飛行場（現・済州国際空港）のアスファルトが剥がされて、そこに埋め隠されてきた者たちが再び陽の光を浴びる半世紀以上前、事件を「語る」どころか「想起する」ことすらタブーだった一九五〇年代から、金石範はそれらの遺骸を抱きしめ、いまもって数すら不明の死者たちと語らい、彼らの生きた証を刻んできた——二〇〇〇人以上のパレスチナ難民が虐殺された一九八二年九月のシャティーラ難民キャンプに入り、遺体たちと対話したジャン・ジュネのように。遺された者である金は、死者たちから自らの生を刻むことを託されたのである。金にとって創作とは「悼み」である。その結果としての小説の誕生を「祝う」ことには、拭いがたい抵抗感があるのだと思う。

朝鮮籍という「譲れぬ一線」

金の「朝鮮籍」への思いを初めて聴いたのは、二〇〇〇年四月、大阪市生野区で開催された、金と、詩人、金時鐘の対談の席だった。前年一二月に制定された「済州島四・三事件真相究明及び犠牲者名誉回復に関する特別法」(四・三特別法)が施行されたことを記念しての催しである。短編「鴉の死」の発表から四三年、『火山島』最終巻が刊行されてから三年後のことである。会場は旧「猪飼野」の中心部。植民地時代に直行便があった影響で済州人が多く、命からがら四・三を逃れてきた者も少なくない。事件の時期になると、今も彼方此方の家で祭祀が行われる地域である。講堂も厳かな空気を湛えていた。社会問題をめぐる集会というよりは、「悼み」と「鎮魂」の場だった。

一五〇人ほどの参加者が、壇上に並んだ文学者二人に視線を注ぐ。金石範が口火を切った。「話すのは難しいけど、なぜ今まで黙ってきたかということをね、聞きたいです。それ先言えよ。そしたら私も喋るさ(笑)」。年長の金石範に促され、金時鐘は重い口を開いた。

蜂起を主導した南朝鮮労働党のレポ(連絡員)として活動、当局に指名手配され、一九四九年六月、処刑寸前の身を密航船に潜ませ日本に上陸して以来、金時鐘は「四・三」について沈黙を貫いてきた。その金が、封印してきた過去を関西で初めて公の場でつまびらかにしたのがこの集会だった。

「無謀ともいえること(蜂起)に加担したことが私を苛んできました」。武装とはいっても手にした武器は旧式銃や竹やり、農機具類である。なかには火縄銃を手にした者までいたという。圧倒的な武力を持つ米軍政側の反撃で形勢はたちまち逆転し、入山した遊撃隊は絶望的な闘いに追い込まれる。そして「空から飛行機でガソリンをまいて、三〇万島民を焼き殺してしまえ。済州島の三〇万人がいなくても大韓民国はなにも困らない」という趙炳玉《チョビョンオク》・米軍政庁警務部長の言葉を地で行く、陰惨な殺戮が繰り広げられていく。

ある者は生きたまま腕をねじ切られ、目玉を抉られて殺された。縛り首の後、見せしめに放置された死体には蛆が沸き、眼窩を烏が抉る。ゲリラに軍政側と見做されて竹やりで腹を裂かれ、腸を垂らしたまま絶命したのは金時鐘を匿《かくま》った叔父だった。同志たちの大半が処刑され、自らも指名手配された。検問所で幾度も捕捉されかかり、父の手筈で島を脱出した。父母の死に目にも会えず、罪責の念に苦しみ、恐怖を紛らわすために酒を浴びる日々……。渡日後も長くPTSD症状に苦しんだ。「私は故郷が一番大変な時期に逃げを打った人間です。事実が熱ければ熱いほど言葉はより辛くなる」

ときに嗚咽し、「憂うつを抱え通した」異郷での半世紀を語る金時鐘に、金石範は返した。

「体験を意義付ける難しさを感じた。私は体験しておらなかったから書けた。恐怖の箱が三重四重五重とあれば、一番下のところに記憶が溜まって出せない場合がある。四・三事件の場合は記憶を自分で殺すし、権力で殺す。二つの作用で済州島四・三の記憶を消してきた。沈黙がどれほど重いか。「四・三特例法」でその蓋がとれるときが来た。でも一旦殺した記憶はなかなか出てこない。いわば病気です、気がふれたり病気になった例はいくらでもあった。後遺症、トラウマをどういう風にしていくか。沈んだ記憶をお互いにどうするか。これは闘いなんですよ。だから、遺族からの聴き取りでどこまで出てくるか分からない。しかし、今まで話すのが恐ろしかったが今はそうじゃない。特例法が完全なものではないですよ。しかし、根本的に変わった。頭の上から、記憶を抑えていた大きな石がとれてきた。こういう人たちの記憶を表に浮上させることが必要なんです」（この対談後、事件をめぐる金時鐘の語りはより深く具体的になっていく。文学者二人の対談は後に、四・三研究の第一人者、文京洙《ムンギョンス》（韓国現代史）を進行役とした枠組みで改めてなされ、『なぜ書きつづけてきたか　なぜ沈黙してきたか』（二〇〇一年、平凡社）として刊行される）。

二人の言葉が明らかにしたのは、親日派が反共親米に看板を掛け変えて建国された大韓民国の民族史的な正統性の欠如であり、解放後の「世界秩序」がもたらした現実、すなわち「南北分断」に対するまったき「否」だった。そこで会場から出たのが、朝鮮籍をめぐる質問だった。

「朝鮮籍を固守しておられる理由をお聞きしたい」と問われ、金石範は応えた。「朝鮮があるのだからなぜ韓国に変える必要があるか？　朝鮮というのは記号ですよ。なぜ我々が記号の存在であるかということ。今、北朝鮮と日本と国交正常化(交渉)やってますね。実現すれば、国籍に関する合意ができて、朝鮮籍は半強制的に共和国の国籍になります。日本政府はそうもっていこうとする。でも国籍選択権があるわけです。日朝で合意して、猶予期間とか申告期限とか設けてね。北朝鮮や総連を積極的に支持する人は北朝鮮の国籍に変えますよね。そして、朝鮮籍の中から韓国籍に変える人もこれから出てきます。民団と総連で奪い合いをするだろうから嫌気がさして朝鮮籍から日本籍に行く人も出てくる。でも私は韓国籍も北朝鮮籍も取らない。完全に無国籍の状態になります。これは問題提起ですよ」

二〇〇〇年といえば、全斗煥《チョンドファン》時代に死刑宣告を受けた金大中が大統領だった時代である。独裁者、朴正熙《パクチョンヒ》の娘が大統領になるほどの揺り戻しが起き、民主化で否定、克服されたはずの過去が再評価されようとしている二〇一六年四月現在からは想像もつかないが、当時は民主化闘争の「実り」を収穫していく「明るい未来」が予見されていた。軍政の専横を象徴する死刑も金大中政権で止まった(金は新たな死を求める「報復」の連鎖を切ったのだ)。人権面で言えば韓国はこの時期、一気に東アジア随一の先進国になっていた。そのときにあってなお、金石範は「韓国」への帰属を拒み、かつて祖国統一に向けた民主拠点と見做していたDPRKの国籍も拒否すると宣言したのだ。

「国境なんて関係ない」「国籍なんて記号だ」。しばしば聞く言葉だが、これらを口にする者はえてして、自らが「国民」である根拠を問う必要もないほどに自明な「国民」である。今いる場所にいる自由も、国境を越えて移動する自由も、国籍国があるからこそ可能になっているという事実に無自覚なことが多い。だが壇上の人物はまったく違っていた。植民地時代の清算がなされず、在日朝鮮人への差別と抑圧の再編で日本の「戦後」が始まった結果として生まれ、事実上の無国籍とされてきた「朝鮮籍者」である。

「事件」とも言うべき出会いに衝撃を受け、衝き動かされるように新聞記事にしたことを思い出す。人間一個の実存にとって、これだけは譲れないものを「思想」というならば、金石範の朝鮮籍とはまさに「思想」に他ならなかった。以降も金は、「日本政府がその不当な政策を改めて、北朝鮮との国交を正常化すること」を第一に求めつつ(そこには、「国交の不在」を理由に過去清算をネグレクトする「不当」はもちろん、同じ理由でDPRKの在外公民が国際人権上有する権利、たとえばDPRKとの自由往来を侵害し続ける日本政府の「不当」に対する批判が込められている)、自分はいずれの国籍も拒否すると言い続けてきた。私はそこに込められた「思想」を辿りたいと思い、以来、朝鮮籍を「譲れぬ一線」とする人びとに会い、その思いを聞いてきた。

『火山島』をめぐる討論

シンポ開始が数分後に迫る。目の前に座る金の顔は相変わらずこわばっている。あと何人、あと何分で自分が話すかを逆算し、その間に何かしらアクシデントが起きて、自分が話す時間がなくなる事態を夢想しているようにも見える。

定刻を少し回り、司会の鵜飼哲が開始を告げた。「今日のシンポジウムは三つの出来事が重なるなかで例外的な形で企画されました」。三つとは「韓国語訳刊行」「金石範の入国拒否」「日本語版復刊」である。その上で鵜飼は、朴槿恵《パククネ》政権が強行しようとする中高生の歴史教科書「国定化」に言及した。現職大統領の父である独裁者、朴正熙の時代になされ、民主化によって葬り去ったはずの国家権力による「歴史解釈の強要」である。「その方向と、まさに金石範文学が体現している大韓民国の成立そのものに対する「歴史の再審」というものが真っ向からぶつかってしまった。金石範さんと厳しい歴史的な時期に何を考え、行動するのかを柱に、金石範文学を鋭く論じる時間を持ちたい」

明快きわまる挨拶だった。発言者のトップは作家で評論家の野崎六助である。二〇代で「鴉の死」に出会い、「やり直せないところに人生が行った衝撃」を受けたという野崎はまず、金の小説を二つに大別した。「一つは済州島モノと、(もう一つは)在日の日常を描いた在日小説だと思う。後者は私小説と読まれがちだけどまったく違う。そこには現実と幻想、時間軸の転倒がある」

在日文学論の最高峰『魂と罪責』(二〇〇八年、インパクト出版会)の筆者、野崎のシャープで奥行のある発言が続く。「『火山島』の凄いのは、歴史のないところに歴史を創った、歴史のないところに歴史を書いたこと。『火山島』は歴史小説ですけど、他の歴史小説とはまったく違う特異な作品です。たとえばトルストイの『戦争と平和』もナポレオンのロシア遠征といった教科書的な歴史があって、そこに作家が物語を当て嵌めて作品にする。でも『火山島』はその史料自体がほとんどないなかで書き上げられた。このような作品は世界に例がない」

金は目をつむり、じっと話に聞き入っている。話は入国拒否にも及んだ。「欠損こそが金石範文学の本質、当たり前の権利を奪われたところから金石範の文学は始まる。(入国拒否は)残念で腹立たしいけど、良かったのではないかとも思う」。講演を来場者が拝聴するというよりも、著者と評者の真剣勝負を観客が固唾を呑んで凝視するような緊迫感が漂う。きわどいコースに直球を投げた後、野崎はこの「文学的怪物」への畏敬をユーモアに包んで話を終えた。「普通はこんな作品を書けば、エネルギーを使い果たして後は書けなくなったり、繰り返しに陥るけど、(金は)終わらない。一体この人は人間なのか? と」。野崎のオチに、張りつめた空気を解くように聴衆が笑う。見ると金も苦笑いを浮かべていた。

高澤秀次、佐藤泉、そして呉世宗《オセジョン》……。研ぎ澄まされた言葉の数々に身を委ねながら、私は、この場に立ち会えた僥倖を嚙み締めていた。「文学の言葉とは嘘のない言葉」と金は言う。その集積たる『火山島』が、まるで天から遣わされたように――あるいは海の底から、地の底から湧いてきたかのように――、欺瞞が欺瞞と認識すらされぬ爛《ただ》れた社会、言葉が死滅しようとしている社会に立ち現れたのだ。『火山島』で描かれているのは、極限的な状況下での人びとの生き方、在り方であり、物語には、自死、自由、殺人、裏切り、虚無主義といった、人間存在に直結するテーマが溶かし込まれている。圧倒的な暴力を前にしたとき、人間が人間であるとはいかなることなのか。作品と対話し、それを問うことは、権力に対する根源的な抵抗となり、問いを手放さない者の集まりは未来への展望を生む。この「暗い時代」において、『火山島』はまさにその場を創ったのである。それは「文学に何ができるのか」への応答でもあった。

死者に正義を還す

論者による討論が終わり、いよいよ金石範の番が回ってきた。演壇の前に立ち、緊張した面持ちで右手にマイクを握る。噛み締めるように関係者への謝辞を述べた後、金は「七〇年」という節目を切り口に、言葉を継いだ。「いまだ解放を迎えていない」と金が言う韓国では、民主化の反動が噴き出し、日本では歴史修正主義そのものの「安倍談話」が発表され、自公政権によって戦争法が強行採決された。

「じつは三、四日前の夜、軽く一杯呑んだんですよ。おかずの代わりに何か観ておったら、酒だけじゃなくて他の方に神経が行く(ので酒量が減る)から、テレビを点けたんです」

客席から笑いが起こる。酒は金石範の代名詞、酒の上での失敗談は小説の定番だ。酔っ払って駅の階段から転げ落ち、大怪我したことまで小説に出てくる。少なからぬ者はユーモアに満ちた何かしらの「失敗談」を予想したと思うが、続く言葉は違った。

「何かもみ合いをやってるわけなんです」。辺野古だった。明治政府の侵略以降、苛烈な搾取に苦しめられた挙句、先の大戦では本土防衛の捨て石にされた沖縄。敗戦後は米国に差し出され、ここから飛び立った爆撃機が、朝鮮やベトナム、アフガニスタン、イラクで人びとを殺戮してきた。「復帰」四三年後の二〇一五年時点もなお、在日米軍基地の約七四%を押し付けられているこの島に、さらなる基地建設が計画されている。この暴挙に身体を張って抵抗する者たちを官憲が弾圧しているのだった。

埋め立て用の資材を搬入する車両を止めようと、ゲート前に座り込む者たちを警察官がゴボウ抜きしていく。映像には足の悪い高齢女性も映っていた。

「アナウンサーが「あれは東京の警視庁から来た警官」だと言うんですよ。沖縄には警官が足りないのかと。異様な状態を見て、酒を呑みながらいろんなことを考えて……」。金は絶句した。「あの……頭に浮かんでくるんですよ。仮に同じ国民だったとして、私はこの、沖縄に対するやりかたは国内植民地侵略まではいかんかもしれんけど、(国内植民地)政策だと思うんですよ」。和《なご》んでいた会場の空気は一転、緊張感を増していく。晩酌から始めた金の話は、この日本で進行している「二一世紀の琉球「処分」」を射抜き、なおも続いた。

「松田なんとか(道之)が四〇〇、五〇〇名の軍人や警官を連れていって、沖縄をいわば占領する。侵略ですよ。それを歴史的用語なのか「琉球処分」という。戦前の教科書には豊臣秀吉の行為が「朝鮮征伐」として載ってたけど、あれは侵略なんですね、それを「征伐」とね。琉球処分というけど、略奪であり侵略なんですよ。処分は何か悪いことをしたから罰を与えるとか、ゴミがあったらゴミを捨てるとかね。それが処分ですよ。それを独立国だった沖縄(琉球)に対してね。歴史的な言葉だから(使ってるの)かもしれんけど!」。噴出する感情に思考が追いつかなくなり、断片的な言葉が口を衝く。

さげすまれ、本土の犠牲にされ、「自国」の軍警に弾圧され、執拗な分断工作の対象とされ続ける――。九〇歳の作家は、沖縄に済州島を重ね合わせていた。四・三の背景には、かつて政治犯たちの流刑地であり、権力に対する批判意識が強い済州島への、権力側の差別意識と政治的な警戒心があった。

「(一九四八年四月三日の)一年前、三・一独立運動の記念日に済州島全土から三万名くらいが集まってね、「親日派の排斥」とか「米国は出て行け」とかやったわけです。それに警察が発砲して、六人が殺され八人が重傷を負ったわけ。それでストライキが起きたら、済州島の米軍政庁が本土から警官を五〇〇人くらい入れて、「西北青年会」というテロ団体の人間が、初めて四〇〇人くらい入ってくるわけです」

西北青年会——ソ連占領下の朝鮮半島北側で進む社会主義化を逃れて越南した地主や資本家、親日派らの集団である。それゆえ「アカの島」とされた済州島民たちに対する彼らの憎悪や敵意はすさまじかった。糧食も持たされずに派遣された彼らは、腹が減れば盗み、奪い取り、気に食わなければ徹底した暴力を振るい、欲望のおもむくままに女性を強姦した。これが新たな支配者、米国のやり方である。その向こうには米国が建国を目論む新国家の「像」があった。「日帝」から「米帝」に引き継がれた暴力が、島民をして「やらざるを得ない」蜂起に追い込んでいった。

「私ね、辺野古の問題は臨界点に達していると思いますよ。もしあの足の悪い女性が死んだらどうするんですか？　安倍さんは「美しい日本」とかいうけど、醜いですよ。沖縄にしてもね、代議士とか内部に裏切り者をつくるわけですよ。これはね、沖縄の人間を侮辱しておるんですよ。これが日本なんですかっ！」

金の怒りは、日本と愚を競うかのような韓国の現政権へと向かった。金らの営為はタブーだった四・三の「沈黙の蓋」を開け、それは金大中時代の「四・三特別法」制定に到り、盧武鉉大統領(当時)の公式謝罪へと展開した。だがこの歴史再審の動きは、保守派の巻き返しの契機ともなった。李《イ》明博《ミョンバク》政権以降、大統領は慰霊祭に出席しておらず、今や四・三は、韓国における過去清算や、今後の社会像をめぐる「思想の戦場」となっている。その最前線が国定教科書の問題なのだ。「韓国は「歴史の清算」はほとんどしてないですけどね。でも今はそれすら潰そうとしている。教科書が国定になれば、「暴動」とか「暴徒」とかね、四・三が逆戻りする可能性があるわけです」。あれほど嫌がっていた挨拶はすでに二〇分を超えていた。「祝い」の席とは思えぬ、火を吐く怒りだった。

四・三事件は反国家的な「暴徒」による「暴動」——民主化以降も根強かったこの「解釈」は、韓国政治のバックラッシュと相乗し、勢いを増している。金石範の文学的営みとはこの押し付けをめぐる権力との闘いだった。金は強調する。「(四・三の)後半にはゲリラ側による虐殺もあったし、それはそれで批判されるべき。蜂起が見通しのない極左冒険主義だった側面もあるだろう。でもあの蜂起は、解放と独立を踏みにじる米軍政と民族反逆者に対しての「義挙」であり、「抗争」だった」

「虚構」によって歴史の真実を構築し、それを死者に還してきた金石範の「譲れない一線」だった。四・三の「正名」をめぐる闘いは、「それでも立ち上がった」者たちが目指した「祖国」へと通じている。死者に正義を還す作業は、いまだ途上にある。

究極の自由

植民地支配と分断の結果である朝鮮籍で、分断と対峙する。それは「虚構をもって現実を否定する」金石範文学に通じる。その思想の成り立ちを手繰ろうと、二〇一五年九月、金石範に会った。朝

東京都台東区の不忍池ほとりで。2016 年 3 月 16 日

鮮籍への思いを聴いてから一五年目のこと。すでに朝鮮籍者をめぐる雑誌連載はスタートしていた。上野のカフェで待っていると、不忍池《しのばずのいけ》の方から金が歩いてくる。すっとした立居にこちらの背筋が伸びる。ドアをくぐり、テーブルを挟むなりうれしそうに切り出した。「いやこのタイトルいいよ。「思想としての朝鮮籍」って。まさに私の朝鮮籍は一つの抽象化された思想です。思想の表出として使ってるんです」

朝鮮籍者をめぐる私の関心の原点は目の前にいる人物である。当の本人からタイトルを褒められ、思わず「ありがとうございます」と言うと、こちらの目を覗きこみ、自らの言葉への反応を楽しむように付け足した。「いやね、もったいないくらい、いいタイトルだよ(笑)」

ナツメ茶を注文すると、質問を待たずに語

り始める。「「思想としての朝鮮籍」は統一を求める、南北分断を否定するんです！　在留資格でいえば私は永住権がありますから、日朝国交正常化したときは私、両方拒否して完全な無国籍になりますよ。植民地時代でさえ一つだったのに、何で独立して分断なんだと。現実にそうでなくてもそうと思うのが思想ですよ。実体がなくても構わないんだから。思想、観念で政治とぶつかるんです」――。

政治との関係は、少なくとも一九九〇年代まで在日作家が避けて通れぬ問題だった。南北双方から「従属」を迫られるばかりか、拒めばときに双方から「敵」とされる。記号としての朝鮮籍にこだわり、分断の現実を否定する金石範にあってはなおさらだ。「鋼鉄のにおいのするおぞましい政治の網」の中にあって、権力との一切の取引を拒む。この間断なき闘いを彼は創作力に転化してきた。小説という形式を選ぶ大きな理由も、金はそこに、権力と対決する上での「優位性」を見るからだ。「観念は言葉で表明されるから、小説はあらゆる芸術の中で最もイデオロギーを反映しやすい。権力と真っ向からぶつかるのに一番適しているのは小説、それも長編です。同じ言葉でもある意味で詩はごまかしがきくんです。これ言うと「オッサンは詩が分かってない」って、時鐘と何度も喧嘩したけどね（笑）」

思想の芯はいささかもぶれない。筆名の「金石範」は、まさに体を表している。筆名への思いを訊くと即座に「忘れた」とかわし、「私はそんな堅物じゃないんだけどね、でもこの字体がまた、田村義也（金石範を世に出した編集者の一人、装丁作家でもあった）の装丁に映えるんだよ」と、思い出を懐かしむように相好を崩した。

「思想としての朝鮮籍」を武器にして、金が希求する統一祖国とは、単なる政体の実現ではない。

米軍と親日派が四・三を経て建国した「大韓民国」の歴史を根源から問い直し、奪われた「解放空間」を取り戻すことである。そのイメージは、『火山島』の主人公で、金の分身の一人、李芳根《イバングン》の一言に凝縮されている。

ブルジョワ階級に属し、優柔不断でニヒリスティックな李は、いわば「英雄」とは対極の人物だ。そんな李が口にした譲れぬ一線、すなわち思想が「支配せず、支配されない」である。自身の自由が他人の自由を侵害しない。それが李芳根の求める「自由」なのだ。相互不干渉という「断絶」ではない。関わりの中で生きる人間の実存を前提としたうえで、互いを尊重する。その前提は徹底した平等だ。「人間は純粋な個ではありえない。社会なくして人間は存在しない」。私小説批判にも繋がる金石範の人間観である。他者との関係で人間は存在している以上、個人の目指す自由とは全体の自由のもとで可能となる。

「自由と平等」――それら普遍的価値を求めつつ、それとは程遠い現実(常に「人権の彼岸に置かれた者」を生み出す統治形態「国民国家」とはまさにその典型だ)を造り出してしまう人間という「問題」に照らせば、それは見果てぬ夢なのかもしれない。だが夢だけが人間を人間たらしめ、今を超える契機になり得る。いま在る現実を否定し、在るべき姿を想うとは、すべてを奪われてもなお残る、人間の最後の自由であり、瓦礫の中から摑み出された理想は、もう一つの世界を希求する思想となり、現実を否定する意志は、行動として表出される。その意味において、まさに文学は政治を凌駕し得るのである。ただ想像する力のみが、人を「順応」という底なしの闇から救い出す。

たとえば「万徳幽霊奇譚」。主人公は「うすのろ」とののしられ、侮蔑や理不尽な打擲に晒される飯炊きの小坊主、万徳である。「ゲリラの親」として捕まった老人と共に警察署へ連行された万徳は、息子の射殺を命じられた老人が進退きわまり、自らを撃ち果てる姿を目の当たりにする。代わりに息子の処刑を命じられた万徳の頭に、徴用された北海道の鉱山での記憶がよぎる。脱走に失敗した若者への懲罰として、日本人監督の命令に従い、同胞たちが列をなして次々と棍棒を全力で打ちおろす。やがて万徳の順番が来るのだが、愚鈍な彼の心だけが、目前に吊るされた血塗れの球体を人間と認識し、打擲を拒んだのだ。

「人殺しがいやだと？　あれはアカだ、アカは人間じゃねえんだぞ！」。逃げ場のない、警察署の血塗れの一室で、全能感に酔う人殺しの怒号に気圧されながらも、万徳は「わっしの眼には、人間に見える」と抵抗し、自らが処刑場に送られていく。考えること、良心を持つことが死につながる状況下で、教育もない「うすのろ」が、その想像力を基に示した拒絶こそ、人間にとっての「究極の自由」であり「夢」だった。だからこそ彼は、生きながら「幽霊」となる。合理的思考ではあり得ないが、この世に真実を告げに来る「幽霊」に。

出会いと別れ

順応を拒む金の意志、その力の源泉を辿れば、一九四五年から数年間のいくつかの出会いと別れに至る。「張、張龍錫《チャンヨンソク》ですよ……あいつのことを考えると……今でも涙が出てくる」

出会いは一九四五年、徴兵検査にかこつけて渡った朝鮮でのこと。「小さな民族主義者」だった金石範に皇軍兵士への憧れなど芥子粒ほどもない。ただ日本を脱出し、中国・重慶を夢見ていた。当時の重慶には、三・一独立運動で宣言された臨時政府の拠点があった。一〇代の金青年は、そこへの参画を漠然と考えていたのかもしれない。

ソウルの禅寺に荷物を預け、済州島に渡った。絶食で体重を減らし、あえてメガネをせずに臨んだ検査では「魂胆」がばれて激しく殴られた。検査後にソウルの禅寺に戻り、中国越境の機会をうかがった。じつはそこは、独立運動家、呂運亨《ヨウニョン》が結成した「朝鮮建国同盟」のアジトだった。僧侶に変装して潜伏していた活動家を介して知り合ったのが、同世代の張龍錫だった。夜を徹して独立や民族について議論を交わした。

その後、金は発疹チフスで死線をさまよったあげく、周囲の反対を押し切り日本に戻る。日帝支配の終焉は東京で迎えた。「ラジオ放送があると聞いた時点で敗戦だと分かって、朝から散髪に行ってね。それであのときなぜ日本に行くのを止められたかが理解できた。先生たちは情報網でもうすぐ日本が負けると分かってたんです」。故郷にいれば心から叫べた「マンセー」もどこか空しかった。「うれしいんだけど情けなくてね、張は今頃ソウルで泣いてるんだろうなと思ってね。いれば一緒に泣けたのにと……」

長い抑圧を脱した朝鮮では、自由と民主主義を求める者たちの解放空間が出現していた。植民地支配の終結と同時に総督府から行政権を譲り受けた呂は、建国準備委員会を設立、朝鮮人民共和国の樹立を宣言した。各地に左派主導の人民委員会が設立され、綱領には日本人財産の没収や工場の管理、所有など日帝支配の清算に加え、男女平等などが盛り込まれた。

だが、解放の光を、分断占領という闇が覆っていく。敗戦前、天皇裕仁は、一刻も早い講和を勧める近衛上奏文を「もう一度戦果を挙げてから」と拒否、政府はポツダム宣言も「黙殺」し、広島、長崎の原爆投下と、朝鮮の分割統治につながるソ連の参戦をもたらした。「国体護持」への執着が朝鮮分断占領の直接的原因になったのだ。「朝鮮のことわざにね、悪い友人の横にいると雷が当たるっていうのがあるんです。朝鮮は日本の横にいたから雷が落ちてしまった」。幻と消える「解放」の起点だった。九月に上陸した米軍は人民共和国を否認、「解放空間」の蹂躙がはじまっていく——。

一一月、金はソウルに行く。建国への思いだけではない。「八月一五日になったとたん、協和会(特高警察が中核だった在日朝鮮人の統制団体)の役やっとったような人間が「今こそ自分のような人材が必要」なんて言い出すわけ。こんな奴らと一緒にいたくなかった」。張たちと再会、計六人で同居生活を始めたが、たちまち行きづまった。

当時、越南者や海外からの引き揚げ者で人口が激増した南側では、インフレと食糧不足が深刻化していた。街には失業者や住む家もない者たちが溢れ、路上には餓死者や凍死者が転がっていた。縁故のない金に生活手段はない。翌一九四六年の夏、金は、学費を工面してくると言い残して日本に戻るが、そのまま日本に居付いてしまう。「いつ帰ってくるのか?」「もう祖国に戻らないのか」。張から何度も手紙が来た。封筒は下部から開封され、OPENED BY MIL. CEN. CIVIL MAIL(「軍政開封済み」)と印刷されたテープで封がなされていた。

東西対立時代に向けた体制整備が始まっていた。米軍政の下で親日派が復活する。彼らは北側で進む社会主義化を嫌悪してきた越南右翼たちを組織して左派への攻撃を強め、民族の願いは踏みにじられていく。それは左派排除を目論む米軍政の意にも合致していた。どんなにひどい権力でも、自国の利に適うならば全面的に支援する。この後、「裏庭」たる中南米や中東で示された米国の「思想」は、朝鮮占領時にその原型をみせていた。一九四六年秋の左派によるゼネストと弾圧に対する闘い(一〇月抗争)を契機に、軍政の左派潰しは激化していく。でっち上げ、逮捕、監禁、処刑が横行し、独立運動家が次々と暗殺される。一九四七年には呂も殺された。

張の手紙には苦渋が滲んでいた。「いまぼくは職場の仕事がすごく忙しい」――。地下組織での活動だろう。「反共テロ」と「アカ狩り」が横行する中で、地下組織での活動を強いられた苦境を思った。「われら大韓の反共戦士」「朝鮮の極烈分子は問題ではない、ソ連奴《ソリョンノム》だけがいなければ」――。すべてはカモフラージュ、言葉の意は真逆だった。当時、朝鮮からの手紙が届くのは投函から一カ月後。届いた時に現地の状況はさらに悪化していた。

一年を過ぎた一九四八年初頭、張が渡日の意向を伝えてきた。軍政と民衆との緊張は四・三事件となって弾け、解放空間は再建不能なまでに破壊されていく。圧倒的な力の差を痛感した張は、「今は雌伏の時期」と考えて、捲土重来を期したのかもしれない。日本で学びたいという張の思いを実現するため、金石範は奔走する。受け入れの準備が整いつつある一年後、張から、日本行断念を告げる手紙がきた。

「友よ、夢から覚めるんだ。祖国はぼくのような者でも一人残らず呼んでいる。いま、ぼくはどうして行けるだろうか。これ以上は書くまい。察してほしい。昨年!　一年前とは大いに違うのだ。きみの心情とぼくのために尽くしてくれたすべての配慮はほんとうにありがたい。しかし、祖国を考えろ。犬と猫の手でも借りて建設するときだ。ぼくがいま数多くの同志たちを置いて、ぼく一人がどうして行けるだろうか？　これは全民族に対する罪悪だ。昨年とは違うのだ。大韓民国！　わが国を建設する者は、わが大韓の青年の他にいない。ともかく、行きたい心を抑え、きみにこの手紙を書く、いや、書かざるを得ないぼくの心情と祖国を考えてほしい。長く書いて何になろう。ぼくの代わりに大いに学んで帰って来てくれ。ともかくぼく自身がいますごく忙しくて、それこそ〝目鼻莫開〟目も鼻も開く間がないくらいなのだ」。続く文言は「東午は二十年」。ソウルで同居していた同志、金東午《キムドンオ》が懲役二〇年の刑を受けたことを、検閲を警戒しながら伝えたのだ。拷問、リンチが横行する当時の監獄で、それは事実上の死刑を意味していた。

手紙は「ぼくの代わりに彼女が行きたがっている、どうすれば？」との相談で結ばれていたという。返信に何を書いたか、金は憶えていない。これを最後に音信は途絶えた。おそらく二人とも、激動の中で若い命を途絶されたのだ。「一カ月で帰るといったけど、帰らなかった。私はね、人を裏切ったことはないけど、生き延びてしまったんだ……」

手元に残ったのは三〇通近い手紙だった。丸坊主に黒縁のメガネをかけた、精悍な顔をした背の低い青年……。最後に握手をしたときから変わらぬ張の姿は「鴉の死」以降、金石範の作品に繰り返し登場する。

密入国者

前後して、九寸叔父（九親等の叔父）が密航してくる。故郷では住民虐殺が続き、数多くの者たちが命からがら日本への密航に生き残りを賭けてきた。逮捕されたが幾ばくかの金を摑ませて釈放され、猪飼野に落ち着いた叔父から、四・三の話を聞くことになる。結核に侵され、ほぼ寝たきりだった叔父は、身体に残る拷問の跡を示し、留置場の見取り図を描きながら、ポツポツと少しずつ故郷での体験の一端を語った。「本当は話したいのよ。それが解放になるから。でも話せないわけ」(金)。三坪ほどの空間に、「アカ」と見做された島民たち数十人が詰め込まれ、座る場所すらない留置場のこと。次の逮捕者がやってくれば空間を開けるため、ただそれだけの理由で先に捕まった者たちが処刑される。極限状況は人間の地金を露わにする。場所取りをめぐり同志間で起こる争い、理想を共にしたはずの仲間への不信、続出する病死者——。仲間割れが、「アカ」として人間以下にされた者たちをさらに貶めていく。

「四・三の現実に、私のニヒリズムは叩きのめされた」と金は言う。「人間存在に意味などないと言っても、面前の女、子どもが殺されるとき、お前は「それでも意味などない」と言えるのかと」。金の創作動機、とりわけ初期のそれは、虚無主義の克服だった。

その叔父が故郷に残してきた妻が対馬に辿り着いた。動けぬ叔父に請われて彼女を迎えに行ったことが、金石範の人生を決定づける。かつて一つの国だった朝鮮と日本の間には、国境線が引かれ、自由な往来は「密航」となった。叔父宛の封筒と地図を手にして夜行に乗った。博多から船に乗り、対馬に渡る。昼過ぎに着き、暗記した地図の通りに歩き、海沿いの炭焼き小屋のような家に着いた。小柄で目つきの悪い所有者の男が顎でしゃくった先に小屋があった。そこに叔父の妻ともう一人の女性がいた。歳の頃は二〇代、目鼻立ちのくっきりした美しい女性だったという。

存在それ自体が犯罪とされる密入国者である。灯りをつけることもできず、湿った煎餅布団を敷き、明朝を待つしかなかった。三人が並んで川の字となり、入口に近い場所に金石範が横になる。真っ暗な部屋で、タバコに火をつけるマッチが一瞬だけ、女性たちの顔を浮かび上がらせた。雨音に木々の揺れる音が重なり、遠くからは潮の満ち引きが聞こえる。隣の息遣いだけが空気を揺らす沈黙の中で、金石範は思わず口にしてしまった。

「済州島の話をしてもらえませんか」

叔母は、村人をゲリラに協力させないために頻繁に行われた公開処刑の模様や、死体すらも蹂躙する非道を語った。命からがら海を渡り、やっと国境を越えた叔母の心を再び地獄に引き戻したのである。自分の軽率さに身が縮む思いをしている金に、叔母は「風のように」唐突に言った、「この人は両方の乳房がないのよ」。もう一人の女性は、拷問で両の乳房を切り取られていた。鏝《こて》で焼き切られたのだ。「それは本当ですか?」。思わず訊き返してしまった。

「冗談でこんなこと言えるわけがない」。叔母がそういって無遠慮に笑うと、女もさらりとそれを認め、低い声で笑ったのだ。今でもその悔恨を思う。「私ね、訊いてしまった。バカだったと思いますよ。破廉恥だったと思います。胸をえぐられた人間がなぜ生きてるんだろうとか、傷跡はどうなってるんだろうかとかそんなこと考えてた……」。その前後に強姦されたであろうことは容易に想像できた。叔母自身も夫の目前で性的拷問を受けたことを知るのは、叔父の死後、彼が遺した日記を通じてのことだ。彼は誰にも言えぬ苦悩と、言葉にできぬ妻への不信感を秘して鬼籍に入った。

二人の女性の笑いは、自らの苦痛を相対化できるほどの地獄を経たゆえかもしれなかった。「生き延びた喜びか、あっけらかんとしてね、なんで済州島の女はこんなに強いんだろと思った」

乳房のない女は拘束時の出来事を語った。三坪程度の留置場に十数人が詰め込まれ、汗と垢、生理と幼子を持つ女性の乳の匂いが入り混じる。その中で、ポケットに入れて持ち込んだ白いタオルをかたくなに使わない若い女が居た。清潔な布を要する病人がいても、彼女は自らのタオルを渡さない。依怙地な彼女は同房の村八分だった。やがて房からの釈放が言い渡される。それは自由の身になることではなく、何処かに連行され処刑されることを意味していた。すると彼女は、看守に墨と筆を求め、自らの名前と年齢、出身の村の名をそのタオルに書き、自らの太腿にきつく結んだ。同房者たちにこれまでの「非礼」を詫びた後、彼女は言った。「埋められて体が腐っても、墨で描いた部分は腐らない」。いつか掘り起こされるときに備え、せめて身元を伝えようとしたのだった。

初の小説「看守朴書房」に登場する明順は、この女性をモデルにしている。名も知らぬこの女の姿が金石範を四・三の「虜囚」にした。彼女が他の囚われ人と共に殺され、あるいは生きたまま埋められたのは、おそらく、今の済州国際空港である。だからこそ金は飛行機での済州島入りをなるべく避けてきた。「着陸するときね、何か「ピシッ」と骨が折れ、軋む音が聞こえるような気がする」。この空港を掘り返せと金石範が主張したのは、まだ死のような沈黙が韓国を支配していた時代である。それから数十年が経ち、当時は考えられなかった発掘作業が実際に始まった。想像できることは、いずれ実現する。権力との神経戦を闘ってきた金の確信だ。

あの当時、ソウルや済州島に居れば、金石範はおそらく殺されていた。外的な必然としか思えぬ偶然の重なりで、金は日本に戻り、命を長らえた。遺された者の「罪悪感」と「義務感」が彼を創作に駆り立てる。短編「夜」で、済州島から猪飼野に逃れ、挽物工場で働く女性、蘭女は言う。「狭い島の中で三人に一人が、それが八万人も死んだでしょう。それも同族同士の殺し合いなのよ、もうあすこでは人間というものがみんな変ってしまったんだから……いまでこそ八万だとか数の上でのことでいうけれど、あたしは限りない一人一人としてそれがはっきり見えるのよ」——。数ですら語られない人びとの生と死を別の小説世界に蘇らせ、現実を切り崩す。その最大にして唯一の武器は想像力である。

文学的な勝利とは何かと訊くと、少し考えて金は言った。「抹殺された歴史をフィクションで、別の形でつくるということかな」。事実、作家の営みは、永久凍土のごとき沈黙を解かし、四・三特別法制定の一つの流れとなった。だが記憶を殺す権力との闘いは続く。

突然、人びとが学校に集められ、家族が面前で虐殺される。入山したゲリラの妻を引き摺りだし、集められた村人の前で舅と性交させる。死体にガソリンをかけて燃やし、ブルドーザーが煙を上げる軀を風船の割れるような音をさせながら踏み潰していく——。あれは「祖国」ではなかった。「私はね、日帝よりもむしろ、親日派への憎悪が強い、それはどんどん激しくなるんだよ」。乳房のない女は、大阪では決して四・三を語らず、一九六〇年、「帰国船」でＤＰＲＫに渡り、叔父の妻もその後、息子と二人で「帰国」した。

金石範は建国時の憲法に言及する。「大韓民国の憲法はね、でたらめで始まってます。三・一の独立精神を継承とか書いてるけど、三・一独立運動を日本と一緒になって弾圧した連中が韓国を建国したんですよ！　九回ほど改定されて今は表現変わったけどね、最初のは真っ赤なウソ、あれは自己批判して作り直さないと！　過去清算にも関わる問題です」

盧武鉉政権時にまとまった真相調査報告書において、四・三は米軍と李承晩政権が責任を負うべき国家犯罪と位置付けられているが、その後の「清算」は滞っている。「補償はもちろんだけど裁判ですよ。被告席には米国も座るべき。それが回復に繋がるはずですよ」

小説で弔ってきた死者たちを語るとき、金石範は何度も言葉を失い、しばし沈黙した後、気を取り直して続けた。「私はね、生きながらえてしまった……でもね、先立った者たちが私を力づけてくれる。訊いたことは破廉恥だったけど、でもね、訊いたからこそ小説に書けるわけです。私がこうして元気でいるのもあの人たちのおかげなんですよ」

分断を拒否し、歴史の再審を前提とした統一を求める。金の朝鮮籍は、これら出会いと別れに打ち固められていった。次の小説は対馬に行ってから書くことになるという。二〇一六年春、上野のいつものカフェで会った折、金は言った。「もう私ね、「あの小屋」の場所も分からない。でもね、土を踏んで、空気に触れるだけ、潮の匂いを嗅ぐだけでいいんです……私ね、いっぱい泣いてきますよ」

『三千里』

決定的出会いを重ねた後、金は日本共産党を離党し、前述した東北での地下活動に挫折して帰阪、路線転換で発足した朝鮮総連に所属した。一九五七年には「看守朴書房」と「鴉の死」を発表、以降も総連の機関紙や傘下の文化団体で働きながら、朝鮮語でいくつかの作品を執筆するが、政治主義への反発が膨らんでいく。一九六七年、当時は当然だった組織の許可を経ずに小説集『鴉の死』を出版、大病で入院した後、組織を離れた。根底にあったのはヂンダレ論争でも争点となった、政治と文学、組織と文学の問題だった。

「作品の発表が組織に許可されるなんて馬鹿げてますよ。政治に文学が従属する発想が根底にある。私の考えでは文学は政治に服従しない。政治を避けるという意味じゃないですよ。自由の確立を考えれば文学は政治的にならざるを得ない。問題は関係です。政治は血肉にしないといけない。政治を外から持ってきたら文学はダメになりますよ」

以降、遅れた出発を挽回する勢いで精力的に作品を発表する。時は一九七〇年代、総連を離れる文化人が相次ぎ、日本文学界は小さな「在日作家ブーム」ともいえる状況だった。そこで舞い込んできたのが在日の作家や研究者を中心とした文化総合誌『季刊三千里』(一九七五年二月創刊)への参加だった。ここで直面したのが、金の朝鮮籍とは切り離せない「政治と文学」の問題だった。

同誌のスタンスは、朝鮮総連の官僚主義への批判と、韓国軍政への否、民主化運動への言論を通じた参画だった。主な編集委員は総連と決別した言論人である。当初から予想された総連側からの批判は、「在日朝鮮人」特集を組んだ八号以降、激化する。「民族虚無主義」「反民族的背信行為」「組織の脱落者の生存方式」「KCIAの手先」……。機関紙誌による批判に反論したのは主に金石範だった。総連全盛の時代、在日コミュニティの至るところに組織の根が張りめぐらされていた。冠婚葬祭で顔を合わせた「元同志」たちの険しいまなざしや、危険物を避けるようなよそよそしい態度はもとより、呑み屋にまで尾行がつき、夜中にも無言電話がかかる……。

一方で韓国軍政サイドからすれば、総連と敵対する元総連系人士たちによる「左傾雑誌」は、政治工作の格好のターゲットでもあった。そして彼らの転向(思想的死)は韓国側のみならず総連組織にとっても願ってもないことだった。それが「変節漢たちの末路」だからだ。

その最中の一九八一年、『三千里』メンバーの訪韓話が持ち上がった。光州での民衆抗争が軍靴で踏みにじられてからまだ一年も経っていない時期である。金石範に同行を強く求めたのは在日朝鮮人文学のパイオニア、金達寿《キムダルス》だった。

「達寿さんが来てね、「金石範も一緒に行ってもらわないと困るんだ」って。断ると腹立たしい顔してね。要するに当局の条件だったんですよ」。名目は死刑判決を受けた在日政治犯の減刑釈放の請願だった。「レーガン政権が発足して最初の同盟国首脳として全斗煥が呼ばれた直後です。減刑放免があっても執行はほぼあり得ない。訪韓の理由に恰好つけてるわけです。私は滑稽だからおやめなさいと言いました。何も『三千里』一行で行って、向こうに「土産」を渡す必要はないんですから。以前から達寿さんが『太白山脈』(解放後の朝鮮が舞台の大河小説)の続きを書きたいけど行けない、気が狂いそうになると言うのも聞いていました。作家が現地に行けないなんて理由で続編を書けないなんてあってはならない。その苦しみは私のものでもあるわけです。だから「『太白山脈』の続編を書くために行く」と言って、堂々と個人として行くべきだと言いました。総連が「転向者の末路」とか批判するのは目に見えているけど、その時は私が防波堤になりますからって」

結局、金達寿らは「寛容を請願する僑胞文筆家たちの故国訪問団」として訪韓した。志操を貫き獄中にある者に対する「寛容な措置」を独裁者に請い願うというのである。だが訪韓日程の大半は故郷訪問や「復興した」韓国社会の視察などに充てられ、民主化運動家との連携などはなかった。韓国紙は軒並み、総連と敵対する「左傾雑誌」一行の訪韓として報道、掲げられた目的は後景に退いた。血と暴力の匂いを減じたい軍政の和合アピールに利用されたのである。日本の左派、リベラルからの批判も相次いだ。彼らが韓国から戻った後、金石範は『三千里』の編集委員を辞任した。

政治と文学をめぐる論争

軍政時代、代表的な朝鮮総連切り崩し工作は韓国訪問だった。墓参りや別れた親族との再会、そして取材……。人間のあらゆる「弱み」に当局は付け込んできた。「私もいろいろありましたよ。周囲に知られたくなければ小型チャーター機を用意するとかもね」。様々な形で故国行を「許可」された者たちは軒並み朝鮮籍から韓国民となった。『週刊朝日』のインタビューで、金石範を「純潔主義」と揶揄した金達寿とて例外ではない。まさに韓国行は「鬼門」だった。金達寿は結局、『太白山脈』の続きを含め、小説それ自体を書かずに死去した。

金達寿が『太白山脈』第二部を書けなかった「理由」についてはいくつかの推測がある。文芸評論家の磯貝治良《いそがいじろう》は網羅的に四点を指摘する。一つ目、一九六八年に第一部を終えて以降も一九八一年まで現地取材ができなかったこと。二つ目は、歴史研究が進み、従来の「左翼史観」や「世界観」では抵抗闘争を捉えられなくなったこと。三つ目は、在日の多様化が文学にも及び、創作の動機も定まらなくなったこと。四つ目は、すでに金の関心がライフワークだった歴史エッセイ『日本の中の朝鮮文化』シリーズに移っていたこと。

野崎六助はその大きな理由を「政治と文学」をめぐる金の特殊な状況に求める。在日朝鮮人文学の草分けだった金達寿は、一九四六年秋に在日朝鮮人として初めて「新日本文学会」の常任中央委員に選ばれている。そこで日本共産党の分裂問題に直面し、党派対立の中に作家として巻き込まれていった。「いわば他人の喧嘩に〈日本プロレタリアートの後ろ盾〉として担ぎ出された」ことで、金達寿は作家としての自律性を失っていったと野崎は言う。

諸説あるのも大作家ゆえだが、共通項は「政治との関係」である。金石範が指摘するのはまさにこの点だ。「韓国への入国とか国籍云々は煎じ詰めれば個人の問題で、他人がとやかく言うことじゃない。でも政治と妥協し、ごまかしを抱えてなお文学が可能かという問題ですよ。文学とは善悪の葛藤から生まれる。嘘や開き直りからは葛藤は生まれないんですよ。あれほど切望していた韓国行が実現したのに、達寿さんは結局書けなかった。その事実をもって判断するしかない」

在日文学第一世代を一人で支えた大先輩の終焉に、金は「政治との闘い」に敗れた姿を見る。他人の生き方を問い質しているのではないと思う。善しにつけ悪しきにつけ、自らを誠実に見つめ抜く営為からしか文学の言葉は紡げない。そう考えているからこそ、金は「文学の言葉とは嘘のない言葉」と繰り返すのだろう。

金石範が金達寿と対比するのは、金鶴泳《キムハギョン》である。吃音と在日である苦悩を原動力に、軋みが聞こえるような、すべてを拒絶する独特の文学世界を構築していた彼は、韓国籍に切り替えた後、北側の否定と南側への追随という立場を露わにしていく。二年余の沈黙後、彼は「北朝鮮のスパイ事件」を題材にした小説『郷愁は終り、そしてわれらは——』を発表、一年二カ月後に自ら命を絶った。

「彼は日本の私小説的枠組みの中で、極めて内省的な作品を生み出していたわけです。それが韓国側に立ち、従来とは違う政治的な小説を書いた。政治を外部から持ってきて消化できずに書いて方法論的に行き詰まり、凄絶に政治に敗れた。南側を選んだ自分を文学的に昇華する、別の言い方をすれば政治に対する敗北から文学的な勝利を生み出すことができなかった。私はね、彼はその誠実さゆえに亡くなったと思っている」

金は常々こう言う、「私の文学は、政治を嚙み砕き、呑み込み、溶かすんだよ」と。文学が自由を目指す営みである限り、あらゆる政治との非妥協は文学の生命線である。政治への屈服は、疫病のごとく文学者の魂を汚染し、蝕み、ついには作家を「死」に至らしめる。金石範はそう考えているのだろう。一九九〇年代、『世界』や『文學界』など複数の雑誌や、果ては単行本の「あとがき」まで使って続いた李恢成《イフェソン》との国籍をめぐるやりとりもその流れにある。

発端は一九九六年、ソウルで開かれる韓民族文人者大会出席の入国許可を得るため、金と李が交渉に訪れた領事館で、当局出身の参事官が李に、過去の「国籍変更の約束」を絡めて話していたと、金が『世界』一九九七年二月号の紀行文「再びの韓国、再びの済州島［二］『火山島』への道」に記したことだ。李は「韓国国籍取得の記」（『新潮』一九九八年七月号）で事実無根と反論、『世界』誌上などで激越な批判の応酬が続いた。当時、そのすさまじさゆえに私もページを繰るのを躊躇したが、これは「在日」文学者の内輪話」「泥仕合」（李恢成）に収めてはならぬ本質的な論点を孕んでいた。

「同じレベルに降りる」苦痛を踏まえてなお金が求めたのは、韓国側との国籍取得の約束の有無や、韓国側とのやり取りの真偽などを通じて、「鋼鉄の網」のように在日を取り巻く、政治と文学との関係を論じることだった。「嘘のない言葉が文学の言葉」という金石範にとって、「実際は政治との妥協で国籍を変えた」李が、金大中政権誕生などを変更の「名目」に持ち出すことは、文学の（不）可能性という問題に直結するのだ。李は自著『可能性としての「在日」』の後書きで、「(金の)デマゴギーに言及」するとして「関係当局」との国籍変更の約束などを改めて否定、事実上の「反論権」の放棄を宣言し、その後も金が『新潮』誌上などで行った反論には応答していない。批判の応酬が「政治と文学」をめぐる「論争」へと止揚される契機は、失われた。

統一祖国のヴィジョン

インタビューはすでに二時間半を回っていた。三〇分ほど前から金石範がそわそわしているのは、理由も含めて分かっていた。ついに痺れを切らして金が口にした。「もうこんな時間ですね、次に行きましょうや」。近くの韓国料理屋に移り、酒を酌み交わしながらの第二ラウンドである。最近は外ではもっぱらビールなのだという。「常温と冷たいのを半分ずつ入れるとね、冷たいのが下に溜まっていい温度になるのよ」

指導に従い、常温のビールと冷たいビールをグラスに半分ずつ注ぎ、一杯目を交わす。グッと飲み干して前を見ると、目をギュッとつぶったまま、細胞の隅々に酒が滲みわたる、その至福に浸る金石範が居た。まるで恋愛初期の二人が、互いの唇を離すのを惜しむように、グラスから口を離さないのである。私がビールから焼酎へと進むと、「あなたは私を誘惑するねえ」と、自重していた焼酎を自身のグラスにも注ぐ。酒が酒を呼び、杯が進む。チヂミ、ホルモン鍋、アワビ粥……。作中に登場する料理に着目して『火山島』を論じられるほど、酒食は金石範作品の重要要素の一つである。何か小説世界に誘われた気分になってくる。

「思想としての朝鮮籍」が希求するのは統一祖国、そのヴィジョンは「支配せず、支配されない」自由と、その前提となる主体としての平等である。金は言う。「無国籍というと、よくコスモポリタンみたいに言われるけど私は違う。民族派左翼だし、古典的インターナショナリズムの持ち主なんです。コスモポリタンには主体がないですよ。独立した民族国家がなければまた、どこかに支配され、抑圧されてしまいますよ。対等な主体があって初めて、インターナショナリズムが成立する」

だが「正統性」もまた猛毒である。植民地支配を打倒し、民族的正統性を得た革命国家が、いかに陰惨な行為を行ってきたかは歴史が証明している。

そう訊くと金は、アイザック・ドイッチャーに言及した。イスラエル建国を「歴史の必然」としつつも、そのショーヴィニズムを批判した彼は、ナショナリズムについてこう語っている。「他国の支配下にある民族にとって独立の国家体制は絶対的必要条件であり、一つの進歩を意味する。しかしひとたびその民族が独立の段階に達した瞬間に、そこに心を固定し、それ以上のところをみようとしなくなることは、その民族の退歩以外のなにものでもない。しいたげられた民族のナショナリズムはそれなりの正当性をもつが、主権を獲得した国民が同じくそのナショナリズムの正当性を求めることはできない」

そして金石範は言った。——私はあくまで統一祖国を求める。実現すればそこの国籍をとり、国民となる。ただしそのとき、私はもはや民族主義者ではない。それ以降は、必要に応じて国籍を放棄するつもりでいる、と。

あとがき

一九九四年秋、新聞社でライターを始めて以来、在日一、二世の聴き取りを最優先の課題にしてきた。原動力は私の出自だろう。一九三〇年代、慶尚南道から渡日した祖父母、二人から生まれた私の母は、自らの来歴や在日する思いについて私にほとんど話さなかった。

取材で知り合ったハルモニやハラボジからいただく言葉の数々、そして彼彼女らのあまりにも豊饒な沈黙と対話を交わし、それを文章に刻みつけていく行為は、一方のルーツから疎外された私にとって自己の空白を埋めることに直結していた。最初の単著『声を刻む　在日無年金訴訟をめぐる人々』は、語られなかった私の来歴を追い求めた結果でもある。

だがそんな先人たちは得てして先に逝ってしまう。二〇一一年、会社を辞めてフリーになった大きな理由もそこにある。このまま会社員を続けていては「間に合わなさ」を重ねるばかりだと思った。すでに見送った幾人もの先人に応答したいと思ったのだ。

本書もその流れから生まれた。雑誌『世界』二〇一五年七月号から翌年七月号まで連載した同名ルポルタージュをもとに、加筆、修正した。

今回、焦点を当てたのは「在日からみた戦後七〇年史」、とりわけ一九四〇年代から五〇年代だ。

在日が厳しい選択を迫られた時代であると同時に、憲法草案(GHQ案)が提示した、戦後のこの国の「別の在りよう」が踏みにじられ、世界に発信し、広めるべき価値、理想、理念が死滅していく時代を批判的に振り返りたかった。

聴き取りを重ね、史料を読むなかで再認識したのは、戦前、戦後の連続性だった。仏文学者の鵜飼哲さんが「憲法九条の前と後」と喝破したように、憲法は、一条から八条までを天皇制の規定にあて、九条をはさんだ後、一〇条で「国民の要件」を定め、一一条から軒並みその享有主体を「国民」にした基本的人権条項が並ぶ構造をとる。それは帝国の象徴である天皇制の存続と、戸籍から国籍に再編された在日差別で「戦後」が始まった事実を刻んでいる。「出発点」での欺瞞と人びとの順応が、この国、社会の在りようを規定したと思う。

「戦争放棄」を唱えつつ、一方の国家殺人「死刑」を支持、黙認し、「基本的人権の尊重」を言いながら、「元国民」である在日朝鮮人がその享有主体から排除されている現状を看過する。「平和主義」を口にする一方で米国の戦争に付き従う——。これらの欺瞞を多くの日本人はそれとして認識してきたか? 倫理と生活を切り離し、日常の安定を謳歌してきた結果が、数年来、吹き荒れるレイシズムであり、「戦後」という欺瞞を最悪の形で解消しようとする第二次安倍政権の誕生ではなかったか。

本稿執筆の最中、戦後日本が拠り所とした「世界秩序」の創造主たる米国で、レイシストでセクシストの金満家が大統領に当選した。これはイスラモフォビアが蔓延する欧州の極右や、日本の差別主義者を後押しし、「市民社会」という概念を破壊していくだろう。人類の英知「人権」を取り巻く危機的状況は、新たな段階に入った。「人間の尊厳」や「自由」がいかに尊いか。なぜそこに命を賭けて闘う者がいるのか、その真の意味と重みを今後、私たちは、空疎な「お題目」ではない形で身をもって知るはずだ。およそ七〇年前、「平和」のありがたさを身をもって知ったように。それが「別の在りよう」を求める連帯と生き直しの出発点になるだろう。

書籍化作業と同時進行で起きたいくつかの出来事を付記しておきたい。大統領の任期満了まで一年を切った二〇一六年五月、伊勢志摩サミットに出席したバラク・オバマ氏は広島に立ち寄った。核兵器使用を命じるための専用鞄を平和記念公園に持ち込みながら、慰霊碑に献花、演説し、被爆者と抱擁を交わす姿は、「核なき世界」を標榜しつつ、何ら成果を残せなかったこの大統領の「捻れ」を象徴していた。安倍晋三氏はこの年の原爆忌でもまた「唯一の戦争被爆国」と口にし、空虚な挨拶を述べた。ちょうどその頃、オバマ氏が導入を目指した核兵器の先制不使用政策に安倍政権が反対の意向を示していたことが判明(『ワシントン・ポスト』によれば、首相本人が米側に伝えた)、加えて安倍政権は同年一〇月、「核兵器禁止条約」の制定協議開始を定めた国連決議にも反対票を投じた。

韓国の政治状況には転換が訪れている。朴槿恵《パククネ》大統領の親友である占い師が、国の政策や人事に介入していたことが問題化、大統領の親友や側近が逮捕され、朴氏の支持率は歴代最低の四%にまで低下、弾劾訴追案も可決された。彼女の末路がどうなるかによらず、「国民的批判」の強い国定教科書導入は断念に追い込まれる可能性が出ている。次の政権次第では、「慰安婦合意」の白紙化もあり得る。四・三の認識を巡る後退にも一定の歯止めがかかるだろうが、あの大虐殺を「共産暴動」とした い保守・右派系団体の攻撃は根強い。正名を巡る闘いはこれからである——。

本書に登場していただいた高史明さん、朴鐘鳴さん、鄭仁さん、朴正恵さん、李実根さん、金石範さんの六人は、いずれも一九四〇年代後半から五〇年代の生き証人である。当時の在日を語る上で避けられない「分断」「共産党指導下での革命闘争」「文化運動」「民族教育運動」に当事者として参画した経験を持ち、「「イデオロギー」としての朝鮮籍」でなく、「「思想」としての朝鮮籍」を生き、それを自らの言葉で語れる人たちである。何人かは「最後の仕事」「遺言のつもり」と口にして、聴き取りに応じてくださった。

本書の刊行にあたってはまず、時間を割いて、微妙な内容も率直にお話しくださった、これら六人のみなさんにお礼を申し上げます。お会いした時期は様々だが全員、私淑の人、「取材」の名目で贅沢にも個人授業を受けた、というのが実際である。ゆったりとした時間の中で対話を重ね、これからを生きる糧となる言葉を紡ぎ出していく作業は、まさに至福の体験だった。学んだのは歴史的事実や数々の知識だけではない。それらを忘れ去った後にも残る人間の在りよう、品性のように思う。

また、昼夜を問わぬ私の五月雨式の質問に対応してくれた文京洙《ムンギョンス》さん(韓国現代史)、呉仁済《オインジェ》さん(朝鮮近現代史、在日朝鮮人史)、連載段階から貴重なご意見をいただいた在日本朝鮮人人権協会の金東鶴《キムトンハク》さん、雑誌連載を読んで、そこではとりあげなかった高史明さんとのインタビューの実現に尽力してくださった作家の黄英治《ファンヨンチ》さんに深謝いたします。一〇代の頃、高史明さんの『生きることの意味』を生きる支えとした私にとって、黄さんから高史明さんとの対話にお声掛けいただいたことは望外の喜び(と緊張)だった。

『世界』編集長の清宮美稚子さんは、前著『ルポ　京都朝鮮学校襲撃事件――〈ヘイトクライム〉に抗して』に続き、今回も、雑誌連載から単行本化まで伴走してくださった。心から感謝申し上げます。六人の先達から得た言葉の数々を躰で読み、私自身の言葉をそこから摑み出さねばならないと、心を新たにしている。

本書の刊行を誰よりも喜んでくれているはずの李《イ》榮汝《ヨンニョ》さんに、本書を捧げたい。

二〇一六年一二月九日

中村一成

参考文献（主要文献のみ。六人の著書と本文で言及したものは除く）

岡百合子『白い道をゆく旅　私の戦後史』、人文書院、一九九三年
朴壽南編『李珍宇全書簡集』、新人物往来社、一九七九年
金嬉老公判対策委員会『金嬉老問題資料集Ⅴ　証言集1』、『同Ⅵ　証言集2』、『同Ⅶ　証言集3』、同委、一九七二年
――『金嬉老公判対策委員会ニュース　№40』、同委、一九七六年
脇田憲一『朝鮮戦争と吹田・枚方事件』、明石書店、二〇〇四年
呉圭祥『ドキュメント　在日本朝鮮人連盟　1945〜1949』、岩波書店、二〇〇九年
朴慶植『在日朝鮮人運動史　8・15解放前』、三一書房、一九七九年
――『解放後在日朝鮮人運動史』、三一書房、一九八九年
水野直樹、文京洙『在日朝鮮人　歴史と現在』、岩波書店、二〇一五年
来栖良夫『朝鮮人学校――ルポルタージュ 異国の中の民族教育』（シリーズ・日本と朝鮮〈5〉）、太平出版社、一九六八年
李殷直『物語「在日」民族教育の夜明け　一九四五年一〇月〜四八年一〇月』、高文研、二〇〇二年
金徳龍『朝鮮学校の戦後史――1945―1972』（増補改訂版）、社会評論社、二〇〇四年
ヂンダレ研究会編『「在日」と50年代文化運動――幻の詩誌『ヂンダレ』『カリオン』を読む』、人文書院、二〇一〇年
金時鐘『わが生と詩』、岩波書店、二〇〇四年
――『朝鮮と日本に生きる――済州島から猪飼野へ』、岩波書店、二〇一五年

稲富進『島人《シマンチュ》〔奄美・徳之島〕二世教師と在日朝鮮人教育』、新幹社、二〇一三年
岸野淳子『自立と共存の教育——朝鮮人になること・日本人になること』、柏樹社、一九八五年
平岡敬『無援の海峡——ヒロシマの声、被爆朝鮮人の声』、影書房、一九八三年
文京洙『新・韓国現代史』、岩波書店、二〇一五年
済州4・3平和財団『済州4・3事件真相調査報告書〈日本語版〉』、済州4・3事件真相究明及び犠牲者名誉回復委員会、二〇一四年
金達寿『わが文学と生活』、青丘文化社、一九九八年
磯貝治良『〈在日〉文学論』、新幹社、二〇〇四年

中村一成
ジャーナリスト．1969年生まれ．毎日新聞記者を経てフリー．在日朝鮮人や移住労働者，難民を取り巻く問題や，死刑が主なテーマ．映画評も執筆している．著書に『ルポ 京都朝鮮学校襲撃事件――〈ヘイトクライム〉に抗して』(岩波書店，2014年)，『声を刻む 在日無年金訴訟をめぐる人々』(インパクト出版会，2005年)など．

ルポ 思想としての朝鮮籍

2017年1月12日 第1刷発行
2021年7月26日 第3刷発行

著 者 中村一成《なかむらいるそん》

発行者 坂本政謙

発行所 株式会社 岩波書店
〒101-8002 東京都千代田区一ツ橋 2-5-5
電話案内 03-5210-4000
https://www.iwanami.co.jp/

印刷・理想社 カバー・半七印刷 製本・松岳社

ISBN 978-4-00-061178-7 Printed in Japan